女性与法

主　编：王　琪
副主编：付红梅　李　颖
编　者：王　琪　付红梅　李　颖
　　　　梁　军　梁　敏　邹　勇
　　　　李　平　石　慧

西北工業大學出版社

图书在版编目(CIP)数据

女性与法/王琪主编.—西安:西北工业大学出版社,2012.10
ISBN 978-7-5612-3491-4

Ⅰ.①女… Ⅱ. ①王… Ⅲ. ①法律—基本知识—中国
Ⅳ.①D920.5

中国版本图书馆 CIP 数据核字(2012)第 234861 号

出版发行:西北工业大学出版社
通信地址:西安市友谊西路 127 号　　邮编:710072
电　　话:(029)88493844　88491757
网　　址:www.nwpup.com
印 刷 者:陕西向阳印务有限责任公司
开　　本:850 mm×1 168 mm　　1/32
印　　张:5.375
字　　数:133 千字
版　　次:2012 年 11 月第 1 版　　2012 年 11 月第 1 次印刷
定　　价:20.00 元

序

这是我们光荣而神圣的职责。

构建有序有效运行的和谐社会是全面建设小康社会,实现社会现代化的基本保障。促进性别平等和女性发展事业,关系到社会的和谐及和谐社会是否能有效运行。然而,当前社会还存在诸多侵害女性权益,阻碍女性发展的不和谐因素。作为法学教师,每当看到有些女性在自己人身和财产权益遭受侵害时不知如何维护;还有些女性由受害者变成为犯罪者,而且,这些女性中不乏大学生、研究生,我们的心剧烈疼痛。我们应当有所作为。帮助女性学习法律知识、提高依法维权意识,促进社会和谐稳定,这是我们光荣而神圣的职责。

我们组织了湖南女子学院一批从事法学教学和研究的专家、一线骨干教师精心编写了《女性与法》,作为学校选修课"女性与法律"课程的基础教材,以期给女大学生甚至各界女性提供一本基于社会性别意识的基础实用的学习法律知识的辅导资料。

法是以权利义务为机制调整人的行为和社会关系的。权利和义务贯穿于法律现象逻辑联系的各个环节并贯穿于法的一切部门和法律运行的全部过程。作为法律关系主体的我们所拥有的全部权利,一部分是以他人履行义务而获得,一部分以自己履行义务而获得,除此之外,再没有第三种形式。马克思关于"没有无义务的权利,也没有无权利的义务"的思想正是法律权利和义务关系的渊源。法律关系中的同一人既是权利主体又是义务主体。从一个角度看该主体是权利人,从另一角度看该主体是义务人,也可能他既是权利人又是义务人。说到女性与法,当然应该阐述女性的法定权利和义务。本书的章节标题虽然是"女性与政治权利、女性与人身权、女性与财产权、女性与婚姻家庭权利、女性与劳动及社会保障权利",但是,义务已包含在内容里。法律要求每个公民正确行使权利，正确行使权利的基本要求是：第一，禁止权利滥用；第二，行使权利应与履行义务相一致。这两点基本要求，自然也是女性在任何时候应尽的法律义务。

参加本书编写工作的有：王琪、付红梅、李颖、梁军、梁敏、邹勇、李平、石慧。全书主要由王琪、付红梅负责统稿和审定工作，李颖协助相关工作。

本书得到了湖南女子学院党委易银珍书记、罗婷校长、吴洛夫副书记和黄立宏副校长的高度关切和精心指导，也得到了教务处王凤华处长和刘是今副处长的大力支持，在此深表感谢！同时，本书在编写的过程中参阅了相关教材和许多专家学者的论著，在此一并表示感谢。

鉴于该课程的特殊性和编者水平的局限性，书中缺点、疏漏在所难免，恳请专家、读者批评指正。

我们以饱满的热情、高度的责任感和神圣的使命感，积极行动起来，用自己的学问、学识和学品，在三尺讲台上教书育人，为我们社会美好的未来而努力奋斗！

编　者

2012 年 8 月

目 录

绪论　社会性别意识下的法律知识和维权意识

改革开放以来，女性的发展机会增加，自主性增加，自身素质明显提高，在参政、就业、教育、婚姻家庭等相关领域，女性的参与程度和权益保障进步显著。但是经济体制改革和经济快速发展给女性带来机遇的同时，也对两性平等参与社会发展、公平竞争带来了挑战，加之历史文化中残存的男女不平等的陈规陋习尚未完全消除，促进性别平等和女性发展事业出现了许多新的情况和问题。例如，职业性别隔离突出。我们常见“本职位限男性”，这是各种招聘会，尤其是应届高校毕业生招聘会上最常见的霸王条款。从政府机关的宣传文员职位，到企业的技术职位，都“仅限男性”。我们曾在某招聘会上看到，某基层文化馆的“行政人员”也“仅限男生”。实际上，除国家规定的不适合妇女的工种或者岗位外，其他限制性别的招聘都属性别歧视，明显违犯宪法精神，并违反《劳动法》和《妇女权益保护法》有关条款。另外，婚姻家庭领域中存在的针对妇女的暴力现象时有发生，卖淫嫖娼、拐卖妇女儿童等社会丑陋现像死灰复燃，不同领域里侵害女性人身权、财产权的恶性事件频频发生……这些都成为女性发展的障碍，成为我国经济发展的绊脚石。从法学角度看，上述问题存在的实质是女性参与经济社会发展过程中法定权利的享有与实现程度问题。要解决这些问题涉及到诸多方面，就女性自身而言，学习法律知识，提高依法维权意识是首当要做好的事情。

第一节 女性与法概说

一、法的释义

(一) 法的定义

法是什么？历史上曾经出现过形形色色的定义。马克思主义学者认为，法是由国家制定、认可并由国家保证实施的，反映特定的物质社会条件决定的统治阶级（或人民）的意志，以权利义务为内容的，以确认、保护和发展统治阶级所期望的社会关系、社会秩序和社会发展目标为目的的行为规范体系。

(二) 法的特征

1. 法是调整人的行为的社会规范

社会规范是调整人与人之间、人与社会之间社会关系的准则，是以一定的社会关系为内容，以一定的原则、规则、原理为形式，目的是维护一定的社会秩序。社会规范种类繁多，形式多样，主要包括风俗习惯、宗教规范、道德规范、法律规范、经济规范、社会组织规范、政治规范等等。在社会中，这些规范目的、功效、功能各不相同，但是他们有其相同的目标，那就是共同促进了社会的和平与稳定。法是一种社会规范（社会控制），是一种独特性质的社会规范，它是通过法律方式对人的行为进行调控，进而调控人的社会关系的。因而区别于思想意识、政治实体、道德规范、技术规范。

2. 法是由国家规定的社会规范

法由国家制定、认可的社会规范，因而具有国家意志的属性，这是法区别于其他社会规范的重要特征。

制定、认可是法律创制的两种主要方式。

法由国家制定，表明法具有权威性、统一性与普遍适用性，法对全体社会成员、全体公民具有普遍约束力。在特定的地域范围内，任何一个公民，甚至外国人、无国籍人士都受该国法律的保护与约束。

3. 法是规定权利义务的规范

法是一种特殊的社会规范，与其他规范不同的是，其主要内容是规定人们权利和义务，通过对人们权利和义务的配置和运作，影响他们的行为动机，指导他们的行为，借以调整社会关系。

法调控人们的社会关系，就是通过人们在一定关系中的权利和义务的配置而实现的。没有合理的权利和义务的配置，没有正当的权利和义务的运作机制，社会存在就成为问题，人们不可能真正获得和平、和谐、安宁、幸福。权利和义务是法律上相互对应的基本范畴之一。

4. 法是由国家保证实施的社会规范

国家强制力是指国家暴力、暴力工具，主要包括监狱、警察、军队、法院等。在一定的社会发展阶段，国家强制力具有一定的权威性，它对于国家、社会的存在、稳定、发展、进步具有一定的作用。因此，一个国家、一个社会没有强制力作为保证，是无法真正形成良好的社会秩序的。所以不少法学家、思想家都强调法律的强制力属性。法律作为一种社会规范，一种社会控制方式，是以国家强制力为后盾的，法律的实施、实现，权威和功能的发挥是借助于国家强制力而进行的，国家强制力保证了法律在社会中的功能和作用。

当然也应该看到，国家强制力并不是保证法律实现实施的唯一力量和手段，它只是法律实施实现的必要条件之一，只是法律发挥威力和功效的最终力量和最后一道防线。动用国家强制力是万不得已的，只有在其他力量和方式都已经失效的情况下，才能考虑使用强制力。

我们必须注意现代法治社会这种强制力来源于公意，强制力的运用必须服务于社会的整体利益，不能为一己之私、少数阶层或某局部利益动辄运用暴力机器，强制力是在法治的平台上运行的。

（三）法的形式

法的形式是指法的具体的外部表现形态。这一概念所指称的，主要是法由何种国家机关制定或认可，具有何种表现形式或效力等级。当代中国法的重要形式有宪法、法律、行政法规、地方性法规、自治法规、行政规章、国际条约等。

1. 宪法

宪法是国家最高权力机关经由特殊程序制定和修改的，综合性规定国家、社会和公民生活根本问题，具有最高法的效力的一种法。它在法的形式体系中居于最高的、核心的地位，是一级大法或根本大法。

2. 法律

（1）基本法律是由全国人大制定和修改的，规定或调整国家和社会生活中，在某一方面具有根本性和全面性关系的法律。

（2）基本法以外的法律，又称非基本法律，是指由全国人大常委会制定和修改的，规定和调整除基本法调整以外的、关于国家和社会生活某一方面的具体问题和关系的法律。

（3）全国人大及其常委会所作的决议和决定，如果它的内容是规范的，应视为狭义的法律，是我国社会主义法的一种渊源。

另外，凡是由全国人大及其常委会制定的配套法律，实施条例、细则，试行、暂行，授权法都属于法律的范畴。

3. 行政法规、行政规章和军事法规

（1）行政法规的制定主体是最高国家行政机关即国务院，其效力仅次于宪法和法律；行政法规的名称为条例、规定、办法。

（2）行政规章的制定主体是国务院各所属部门。

（3）军事法规的制定主体是中央军委。

4. 地方性法规、自治法规和经济特区法规

（1）地方性法规的制定权下放到省政府所在地和国务院批准的较大的市。

省、自治区、直辖市制定的地方性法规，报全国人大常委会和国务院备案；政府所在地的市和较大的市制定的地方性法规报省、自治区人大常委会批准后实施，再由省、自治区人大常委会报全国人大常委会和国务院备案。

（2）地方性规章。省、自治区、直辖市制定的地方性规章，报国务院、本级人大常委会备案。

政府所在地的市和较大的市制定的地方性规章，报国务院，省、自治区人大常委会、人民政府及本级人大常委会备案。

（3）自治法规。自治区制定的自治法规报全国人大常委会批准生效。

自治州、县制定的自治法规，经省、自治区人大常委会批准，报全国人大常委会备案。

（4）经济特区法规。根据授权法制定和实施。

5. 关于特别行政区的基本法和在特别行政区实施的全国性基本法律

在香港有四种形式的法的渊源，即香港特别行政区基本法，全国性的法律，香港本地的法律和英国在香港的原有法。

6. 国际条约

国际条约是指两个或两个以上国家或国际组织之间缔结的确定其相互关系中权利和义务的各种协议。我国参加的国际条约对我国有约束力。

（四）法的分类

法的分类是根据不同的标准对法律所做的划分。有一般与特殊两个类型的划分标准。我们主要了解法的一般分类。法的一般分类主要有以下几种。

1. 国际法与国内法

依法的创制与适用范围为标准来划分：

国内法是指一个主权国家制定的实施于本国的法律。国际法是指国际法律关系主体参与制定或公认的适用于各个主体之间的法律。国际法律关系的主体主要是国家。注意区分国际法同一个国家的作为国内法的涉外法。

2. 成文法与不成文法

依法的创制形式和表现形式为标准来划分：

成文法，又叫制定法，是指国家机关制定和公布的，以文字符号形式表现出来的法律。习惯法是指国家虽然认可其具有法律效力，但未以文字符号形式表现出来的法律。

3. 根本法与普通法

根据法的内容、法律效力和制定程序划分为根本法和普通法。这适用于成文宪法制国家，在不成文宪法制国家，具有宪法性内容的法律同普通法法律在效力上是相同的。根本法，即宪法，是指在一个国家中，规定国家的最根本的经济、政治和社会制度，公民的基本权利和义务以及国家机构组织和活动的基本原则，具有最高的法律地位和效力，制定修改需要特别的程序。

普通法，其内容一般是调整某一或者某些社会关系，效力低于根本法，制定和修改必须符合根本法，程序较根本法要简单。

4. 一般法与特别法

依法的适用范围为标准来划分：

一般法是指一般人和事在不特别地区和期间有效的法律。特别法是指对于特定的人和事，在特定的地区、时间内有效的法律。特定人的法，如《未成年人保护法》《警察法》和《教师法》。特定事的法，如《国籍法》《教育法》。特定地区的法，如《民族区域自治法》。特定时间的法，如《戒严法》。

特别法优于一般法。《高等教育法》相对于《教育法》来说是特别法，它是针对高等教育特别规定的并依照《教育法》的基本精神制定的，所以在处理涉及高等教育时应该参考《高等教育法》。

5. 实体法与程序法

依法所规定内容的不同为标准来划分：

实体法是指所规定的主要是法律关系主体的实体权利和义务（或者准则、职权）的法律。例如《刑法》《物权法》《婚姻法》《继承法》《劳动法》《劳动合同法》等。

程序法是指所规定的主要是保证法律关系主体的权利和义务得以实施的程序和方式的法律。例如《民事诉讼法》《刑事诉讼法》《行政诉讼法》等。

二、法律权利与义务观念

法律权利与义务观念，是法治国家的公民应当具有的基本法治观念。由于历史和显示的种种影响，一方面，有些女性不能认真对待权利，权利意识淡薄；另一方面，有些女性也不能正确对待义务，履行法律义务的意识不强。不少女性仅仅是出于对惩罚的畏惧或服从权威的习惯来履行法律义务，因而往往出于消极、被动状况，不履行法律义务、规避法律义务的现象目前还比较严重。因此作为公民、作为女性应该树立正确的法律权利与义务观念。正确的法律权利与义务观念，包括正确理解法律权利与义务的性质，把握法律权利与义务的关系，懂得如何适当行使法律权利，正确履行法律义务。

权利是规定或隐含在法律规范中、实现于法律关系中的、主体以相对自由的作为或不作为的方式获得利益的一种手段。

义务是规定或隐含在法律规范中、实现于法律关系中的、主体以相对受动的作为或不作为的方式保障权利主体获得利益的一种约束手段。

权利的本质在于是法律赋予当事人的自由，权利人或是可以依法自主决定是否享受其权利，或是可以依法请求他人为一定行为或者不为一定行为。义务的特点在于其约束性，义务主体必须依法为或不为一定行为。若义务人不为“应为”的行为，则要承担相应的法律责任。可见义务不是自由，而是一种约束。

法是以权利义务为机制调整人的行为和社会关系的。权利和义务贯穿于法律现象逻辑联系的各个环节、法的一切部门和法律运行的全部过程。作为法律关系主体的我们所拥有的全部权利，一部分是以他人履行义务而获得，一部分以自己履行义务而获得，除此之外，再没有第三种形式。法律权利和义务的关系有以下情况：

一是，对立统一关系。马克思关于“没有无义务的权利，也没有无权利的义务”的思想正是法律权利和义务对立统一关系的渊源。权利以义务的存在为存在条件，义务以权利的存在为存在条件，缺少任何一方，另一方便不复存在。就像婚姻关系中的男女，缺少任何一方，其夫妻关系便无法结成一样，夫为妻而存，妻为夫而存。言其转化，是说权利人在一定条件下要承担义务，义务人在一定条件下要享受权利，法律关系中的同一人既是权利主体又是义务主体。从一个角度看该主体是权利人，从另一角度看，该主体是义务人，也可能他既是权利人又是义务人。权利和义务就是对应、依存、转化的过程中在一组关系内由对立走向统一。

二是，社会的权利总量与义务总量的等式。如果把权利作为数轴的正侧，把义务作为数轴的负侧，则权利每前展一个刻度，义务必向另一方向延展相同的刻度，权利的绝对值总是等同于义务的绝对值。该关系式的原理可适用于每一社会主体。一个为社会履行义务量多的人，必然社会应赋予其更多量的权利，这种量的对等关系是社会公正与正义的基本标准。如果允许没有贡献的权威存在，如果允许没有劳动的财富存在，那么必定是做了贡献的人反而受制于人，付出劳动的人反而成为愈加贫穷的人，这种社会便是容忍罪恶存在。虽然社会权利的总量与义务的总量不因罪恶而失衡，但总量平衡关系在具体主体身上的不公却能证明社会实体的不正义。

三是，权利义务展现方式是价值的一致性与功能的互补性。价值的一致性是说无论是权利还是义务，其设立的目的都等于立法目的。权利和义务都是主体所需要的，它们是主体所执左右两柄，共同构成了主体支配客体的手段。功能的互补性是说权利与义务对同一主体同时贡献着启动与抑制、激励与约束、主动与被动、受益与付出两种机制。以社会需要而言，当活力与创造及革新为人们所追求时，权利的功能就会被人们格外重视；而当稳定、秩序与安全为人们所珍视时，义务的功能更能满足人们的要求。

法律上的权利和义务与其他社会规范的权利和义务有重大区别：

第一，法律上的权利和义务是法定的权利和义务，是建立在法律基础上，通过法律方式来实现的。其他社会规范所说的权利和义务不具有法律意义，只是靠道德、纪律来维护。

第二，法律上的权利和义务具有国家性、国家意志性，因此具有强制性，往往凭借国家的强制力保障并得以实现。当合法权利受到侵犯，或者法定义务没有得到履行时，可以依照有关程序，由相关机关采取必要强制措施，强制执行。其他社会规范不具有国家意志性，一般也不采取强制性措施，而是依靠其他方式来实现（如学生轮流擦黑板，如果某一天他忘记了，我们就不可能对他采取强制性措施）。

第三，法律上的权利和义务往往是相对应的，而且对全体社会成员在形式上往往是平等的。

第四，法律上的权利和义务具有确定性、规范性、明确性、可预测性的特点。其他社会规范不一定具有这样明确的性质。

说到女性与法，当然应该阐述女性的法定权利和义务。本书的章节标题虽然是“第一章女性与政治权利、第二章女性与人身权、第三章女性与财产权、第四章女性与婚姻家庭权利、第五章女性与劳动和社会保障权利”，但义务也已包含在内容里。法律要求每个公民正确行使权利，正确行使权利的基本要求是：第一，禁止权利滥用；第二，行使权利应与履行义务相一致。这两点基本要求，自然也是女性在任何时候应尽的法律义务。

三、我国女性的法定权利

1. 关于妇女权利

妇女权利来自于何处？来自于妇女本身的有用性吗？来自于女人可以成为像男人一样的人吗？还是来自于妇女必须掌握知识、获得技能，具备一定的能力呢？读读 1776 年美国的《独立宣言》可能会带给我们启发。“我们认为这些真理是不言而喻的：人人平等，他们都从他们的造物主那边被赋予了某些不可转让的权利，其中包括生命权、自由权和追求幸福的权利。”人的权利来自哪里？是“凭借自然（或本性）而享有权利，也就是凭借人之作为人的资格而享有权利”。不必凭借任何外物，人本身就是权利的依据。这一命题对于女人也应当是有效的。1848 年公布的《女性独立宣言》就清晰地阐明了这一点：“一切女人和男人都生而平等；造物主赋予她们某些不可剥夺的权利；这些权利包括生命、自由和对幸福的追求。”妇女权利是凭借女人之作为人的资格而享有的权利。关于人本身作为人而享有权利的观点在当代已经是普遍共识，这一大的框架也为认识妇女权利问题提供了必要的基点。我们认为中国妇女权利发展的问题必须回归到人权这一基本的框架之中。

西方女权运动在争取性别平等的过程中一个显著的行动就是争取国家的支持，争取国家立法层面上对妇女权利的认可。我国政府本身就有着关注妇女权利，推进妇女解放的传统。在 1995 年召开的第四次世界妇女大会上，江泽民总书记曾明确提出“把男女平等作为促进我国社会发展的一项基本国策”。在法律层面上，我国历来重视男女平等原则，但笔者认为这不足以使妇女充分享有人权。我们强调不要把男性当作规范和标准，不要女人男性化，这并不是说女人要与男人形成一种对抗关系，相反，我们要充分认识性别差异，通过法律保障妇女充分享受人权，实现不同性别间的和谐，进而实现社会和谐。所以法律保护妇女权利不能仅仅是男女平等，而是要回归到人权框架中。

仅有法律规定妇女权利还不够，还要让广大妇女懂得妇女权利，提高妇女的维权意识。故本课程的目的主要是普及与妇女相关的法律知识，使其学会依法维权。以下我们主要讨论妇女的法定权利。

2. 我国女性的法定权利

妇女的法定权利是法律赋予妇女的实现其利益的一种力量，或说是法律赋予妇女作为或不作为的许可或认可，是妇女作为社会人所应当享有的，与其他主体一样的自由平等的权利。我国宪法规定的公民基本权利包括平等权，政治权利和自由，宗教信仰自由，人身自由权，社会经济权，文化教育权，批评、建议、申诉、控告、检举权和取得国家赔偿权，特定主体权利等。在本书中我们主要介绍和探讨我国妇女的政治权利、文化教育权、劳动和社会保障的权利、财产权利、人身权利、婚姻家庭权利、母婴保健权利等内容。

四、女性权利的法律保护体系

1. 妇女权利的国际保护体系

权利是法律的内容，法律是实现权利的保障，为了保证女性各方面的权利，有关国际组织制定了一系列保障性别平等的公约。[①]

(1)《男女工人同工同酬公约》。该公约于 1951 年 6 月 29 日在日内瓦举行的第三十四届国际劳工组织大会上通过。公约提议，男女工人同工同酬的原则可以通过国家法律或法规、依法制定或认可的决定工资的办法以及雇工与工人之间的集体协议予以适用。我国于 1990 年 9 月 7 日加入该公约。

① 参见中国人权网《人权法规》，http：//www. humanrights—china. Org.

(2)《妇女政治公约》。该公约于 1952 年 12 月 20 日联大第 640 号决议通过。公约制定的目的是实现《联合国宪章》及《世界人权宣言》的有关规定，使男女皆能居于平等地位以享有并行使政治权利。

(3)《消除对妇女一切形式歧视公约》。该公约于 1979 年 12 月 28 日在第 34 届联合国大会上通过，要求各缔约国采取一切适当的措施，包括制定法律，消除任何个人、组织或企业对妇女的歧视。我国于 1980 年 9 月 29 日批准加入该公约。

(4)《消除对妇女暴力行为宣言》。该宣言于 1993 年 12 月 20 日联大第 48/104 号决议通过，宣言认为针对妇女的家庭暴力是对妇女人权和基本自由的侵犯，是文化传统上男女关系不平等的结果。

2. 妇女权利的国内法保护体系

我国《宪法》第 48 条规定："中华人民共和国妇女在政治的、经济的、文化的、社会的和家庭的生活等各方面享有同男子平等的权利。国家保护妇女的权利和利益，实行男女同工同酬，培养和选拔妇女干部。"这从根本法的高度确认了男女在各方面平等的权利。

1992 年颁布、2005 年修改的《中华人民共和国妇女权益保障法》是我国第一部以妇女为主体，全面保护妇女合法权益的基本法，它是我国人权保护法律的重要组成部分。《中华人民共和国妇女权益保障法》分别从政治、文化、劳动、财产、人身等各方面作了全方位的具体规定。作为一部专门保障妇女权益的法律，其结构之完整，内容之丰富在世界上是少有的。此外，我国的《刑法》《婚姻法》《继承法》《劳动法》《农村土地承包法》《母婴保健法》等十余部基本法分别从各专门法的角度规定女性的权益。如今我国已经形成了以《宪法》为基础，以《妇女权益保障法》为主体，包括各国际公约、各单行法律法规在内的妇女权益法律保障体系。

第二节 女性维权意识和维权途径

一、女性维权意识

意识就是对于意识活动本身的认识，维权是维护自己的权利，维权意识就是维护自身权利的意识。女性维权意识是指妇女维护自己权利的意识 。

在我国女性维护自己权利的意识较之过去大有提高，但仍有不少女性包括受过高等教育的女性在法律知识方面匮乏，维权意识淡薄。例如《妇女生活》2009 年 02 期一篇标题为“女硕士深陷桃色陷阱 噩梦醒后演绎‘乡村爱情’”的文章，介绍了一位毕业于某知名学院的漂亮女硕士，在求职过程中因所学专业太冷门而四处碰壁。无奈，她屈尊在一家专门为成功男士提供娱乐的风情俱乐部做了一名服务员，被经常去消遣的一家房地产公司的经理看中，高薪聘为总经理秘书。从此，她掉进了一个黑色爱情陷阱。梦醒之后，身心备受摧残的女硕士来到一山村发挥专业特长当起了猪倌，并和一回乡的大学生演绎了一场“乡村爱情”。该事件虽然结果比较美好，但女硕士付出了沉重的代价。我们应该反思：女硕上为什么会陷入黑色爱情陷阱？又如近日看到一则新闻，说的是“吉林省长白山市一妇女在长达三个月的时间里，被同居男友用钢针在身体上刺下了百余字的污言秽语。而在如此漫长的受虐时间里，她既没报警也没通知自己的家人，这使得许多妇女组织和法律专家感叹，妇女维权任重道远。”

长期以来，关于妇女权益受到不良侵害的事件不绝于耳，像早几年的“贞洁锁”等给妇女身体造成恶性伤害的事件，到近年来关于办公室性骚扰等对妇女精神利益形成侵害的案例。为什么类似的事件总是在不断地发生，而且还有上升的趋势？这其中原因众多，排除社会意识、法制环境及个人素质等原因外，我们认为妇女自身维权意识尚未大面积觉醒也是个相当重要的因素。

二、女性维权途径

女性权利保护是指全社会采取各种措施，保证女性作为一个平等意义上的人参与社会生活，行使平等权利。女性的合法权益受到侵害时通过哪些渠道和方法寻求救济？通常情况下，权利受到侵害后，有两种救济途径：私力救济和公力救济。

（一）私力救济

私力救济指权利遭受侵害时，以自己的力量排除侵害，自行实现权利。自助行为包括请求加害人停止侵害、正当防卫、损害发生后积极与加害人协商解决纠纷。我们认为纠纷发生后，协商解决，这是省钱省力、成本最低的解决纠纷的好办法，同时还能保持各方和谐相处，避免双方矛盾激化。

（二）公力救济

公力救济是指权利遭受侵害时，请求国家以公权力排除侵害，实现其权利。在女性权利受到侵害后，公力救济途径主要有四条，即《妇女权益保障法》第五十二条和五十三条之规定，“妇女的合法权益受到侵害的，有权要求有关部门依法处理，或者依法向仲裁机构申请仲裁，或者向人民法院起诉”，“可以向妇女组织投诉”。

1. 要求有关部门依法处理

对于侵害妇女文化和教育权益的，受害妇女可以向教育部门投诉，要求处理；对于侵害妇女劳动和社会保障权益的，受害人可以要求劳动和社会保障部门予以处理；通过大众传播媒介或者其他方式贬低损害妇女人格的，由文化、广播电影电视、新闻出版或者其他有关部门依据各自的职权责令改正，并依法给予行政处罚。

对妇女实施性骚扰或者家庭暴力，构成违反治安管理行为的，受害人可以提请公安机关对违法行为人依法给予行政处罚，也可以依法向人民法院提起民事诉讼。

公安机关对妇女实施性骚扰或家庭暴力的违法行为人依法进行行政处罚时，必须有一个关键，就是违法行为人的行为构成违反治安管理行为。①对妇女实施性骚扰方面，治安管理处罚法中并没有出现“性骚扰”的表述，但规定的一些侵犯公民人身权利的行为包含了性骚扰的内容：公然侮辱妇女的；多次发送淫秽、侮辱、恐吓或其他信息，干扰妇女正常生活的；猥亵妇女或在公共场所故意裸露身体，情节恶劣的。②对妇女实施家庭暴力方面，治安管理处罚法中也没有出现“家庭暴力”的表述，但其规定的一些侵犯公民人身权利的行为中同样包含了家庭暴力的内容，如：虐待家庭成员，被虐待人要求处理的，由公安机关处5日以下拘留，情节轻微的，可以处以警告。

性骚扰案件最困难的地方就是取证。由于性骚扰通常是私密行为，它总是躲藏在当事人背后。在只有两个人在场的情况下，是否“性骚扰”难以说清，因此，当事人必须留心寻找证据。通常可以采取以下方式：第一，大声喊叫。受性骚扰时，在条件许可的情况下冲出门，大声喊叫，让周围的人成为你的证人。第二，留下痕迹。当骚扰者接近时，充分发挥牙齿、指甲的威力，在骚扰者身上留下痕迹。第三，事先准备。如果是固定的性骚扰者，还可以做些事先准备。当知道可能被其骚扰时，提前告诉同事或者好朋友，进门时别插上门栓等，让第三人了解并适时解救。第四，尽可能保留证据。如对方发的短信、写的便条、发送的淫秽画片或书刊、录像等保留好，并把骚扰发生的日期、时间、地点和对方的行为、说话记录下来，这些都可作为日后投诉的证据。这些也可以采用手机拍照，录音等方式来保存证据。

2. 依法向仲裁机构申请仲裁

依法向仲裁机构申请仲裁是修正后的妇女权益保障法新增强的一种救济方式。它指妇女可以就侵犯自身权益的违法行为，依据《仲裁法》、《劳动法》和《农村土地承包法》等法律申请仲裁。

具体而言就是，①对一般民事纠纷，可以依据仲裁法的规定申请仲裁。②对于劳动争议，可以依据劳动法的规定向劳动仲裁机构申请劳动仲裁。③对农村土地承包纠纷，可以依据《农村土地承包法》及本法的规定向农村土地仲裁机构申请仲裁。

3. 向妇女组织投诉

《妇女权益保障法》第五十三条规定，妇女的合法权益受到侵害的，可以向妇女组织投诉，妇女组织应当维护被侵害妇女的合法权益，有权要求并协助有关部门或者单位查处。有关部门或者单位应当依法查处，并予以答复。第五十四条规定，妇女组织对于受害妇女进行诉讼需要帮助的，应当给予支持。妇女联合会或者相关妇女组织对侵害特定妇女群体利益的行为，可以通过大众传播媒介揭露、批评，并有权要求有关部门依法查处。

三、向人民法院起诉

（一）民事诉讼

女性认为自己的民事权利受到侵害，可以向人民法院提起民事诉讼，请求人民法院依法排除侵害，实现自己的权利。参与民事诉讼，应该掌握以下知识点。

1. 诉讼时效

女性权利受到侵害后，要在诉讼时效期间内，提起民事诉讼。

（1）诉讼时效的概念。根据《民法通则》的规定，诉讼时效是指权利人在法定期间内不行使权利即丧失在诉讼中胜诉权的法律制度。

诉讼时效的构成应具备下列要素：①有权利人不行使权利的状态存在，如财产被他人非法占有而不要求对方返还；②权利人不行使权利的状态持续到了法定的期间，如身体受到伤害在1年内未要求对方赔偿；③权利人不行使权利的状态引起了其丧失胜诉权这一法律后果的产生，时效届满后，权利人虽然可以向人民法院起诉，但却不能胜诉。

（2）诉讼时效的种类。依适用范围和时间长短的不同，诉讼时效可分为普通诉讼时效、特殊诉讼时效和权利的最长保护期限。

1）普通诉讼时效。普通诉讼时效又称一般诉讼时效，是指由民事基本法规定的，普遍适用于法律未作特殊规定的各种民事法律关系的时效。除法律另有规定外，所有民事法律关系均适用普通诉讼时效。

我国《民法通则》第135条规定："向人民法院请求保护民事权利的诉讼时效期间为2年，法律另有规定的除外。"该条即是关于普通时效的规定。根据这一规定，我国的普通诉讼时效期间为2年。

2）特殊诉讼时效。特殊诉讼时效是指由民事基本法或其他法律就某些民事法律关系规定的长于或短于普通诉讼时效期间的时效。考虑到某些民事法律关系的特殊性，要求其适用普通诉讼时效可能会发生困难或有失公平，因此，有必要对一些特定的民事法律关系规定特殊诉讼时效。从我国现有关于特殊诉讼时效的规定来看，主要有下述情形：

(a)《民法通则》规定的特殊诉讼时效。《民法通则》第136条规定："下列的诉讼时效期间为1年：①身体受到伤害要求赔偿的；②出售质量不合格的商品未声明的；③延付或者拒付租金的；④寄存财物被丢失或者损毁的。"

(b)《合同法》规定的特殊诉讼时效。《合同法》第129条规定："因国际货物买卖合同和技术进出口合同争议提起诉讼或者申请仲裁的期限为4年，自当事人知道或者应当知道其权利受到侵害之日起计算。"

(c) 其他法律规定的特殊诉讼时效。如《食品卫生法》第40条第2款规定："损害赔偿的要求，应当从受害人或者其代理人知道或者应当知道被损害情况之日起1年内提出，超过期限的，不予受理。"

3）权利的最长保护期限。权利的最长保护期限是指自权利人的权利被侵害之日起，法律对该项权利所给予保护的最长时间。为了维护社会经济生活的稳定，防止出现某些权利长期处于不确定的状态，故法律对权利的保护也不是无限期的。我国《民法通则》第137条规定："从权利被侵害之日起超过20年的，人民法院不予保护。"根据这一规定，我国民事权利的最长保护期限为20年。权利的最长保护期限与诉讼时效的区别主要在于其起算点不同。诉讼时效的期间是从权利人知道或者应当知道权利被侵害之时计算；权利的最长保护期限则是从权利被侵害之日起计算。权利的最长保护期限之设，旨在克服诉讼时效制度可能出现的权利受到无限期保护的缺陷。因为普通诉讼时效和特殊诉讼时效的期间均是从权利人知道或者应当知道权利被侵害之时起计算，如果权利人不知道或者不应当知道自己的权利受到侵害，诉讼时效期间就不能起算，这样的话权利人的权利就一直处于法律的保护之下，长期处于不确定的状态，从而有违设立时效制度之初衷。

权利的最长保护期限是一个不变的时间，它不存在诉讼时效期间可能出现的中止、中断或延长。

（3）诉讼时效的起算。诉讼时效的起算是指确定诉讼时效期间开始的时间点。根据《民法通则》第137条的规定，诉讼时效期间从权利人知道或者应当知道权利被分割时起计算。

（4）诉讼时效的中止。诉讼时效的中止是指在诉讼时效进行中，因发生一定的法定事由使权利人不能行使请求权，故暂时停止计算诉讼时效期间，待阻碍时效进行的法定事由清除后继续进行诉讼时效期间的计算。

（5）诉讼时效的中断。诉讼时效的中断是指诉讼时效中止的法律效果。诉讼时效中止后，中止的期间不计入时效期间内，待中止事由消除后，时效期间继续进行，与中止前已经过的时效期间合并计入总的时效期间。

2. 民事诉讼法的基本制度

民事诉讼法的基本制度是人民法院审判民事案件所必须遵循的起关键性作用的审判制度。

《民事诉讼法》第 10 条规定:“人民法院审理民事案件,依照法律规定实行合议、回避、公开审判和两审终审制度。”

3. 管辖

管辖是指各级人民法院之间和同级人民法院之间,受理第一审民事、经济纠纷案件的分工和权限。

(1) 级别管辖。级别管辖指各级人民法院受理第一审民事、经济纠纷案件的权限和分工。

《民事诉讼法》第十八条 基层人民法院管辖第一审民事案件,但本法另有规定的除外。

《民事诉讼法》第十九条 中级人民法院管辖下列第一审民事案件:

a. 重大涉外案件;

b. 在本辖区有重大影响的案件;

c. 最高人民法院确定由中级人民法院管辖的案件。

《民事诉讼法》第二十条 高级人民法院管辖在本辖区有重大影响的第一审民事案件。

《民事诉讼法》第二十一条 最高人民法院管辖下列第一审民事案件:

a. 在全国有重大影响的案件;

b. 认为应当由本院审理的案件。

(2) 地域管辖。地域管辖是根据当事人以及标的物与地域之间的关系来确定第一审案件的管辖,分为一般地域管辖和特殊地域管辖以及专属管辖。

a. 一般地域管辖。一般地域管辖是按当事人住所确定的管辖。一般地域管辖的原则:

“原告就被告”的原则:即对公民提起的民事诉讼由被告住所

地人民法院管辖，被告住所地与经常居住地不一致的，由经常居住地人民法院管辖。对法人或其他组织提起的民事诉讼，由被告住所（主要办事机构所在地）地人民法院管辖。

“原告就被告”的例外：有下列情况的，由原告住所地人民法院管辖：

对不在中华人民共和国领域内居住的人提起的有关身份关系的诉讼；

对下落不明和被宣告失踪的人提起的有关身份关系的诉讼；

对被监禁和被劳动教养的人提起的诉讼。

b. 特殊地域管辖。特殊地域管辖是指以诉讼标的所在地、法律事实所在地为标准确定的管辖。依据《民事诉讼法》：

第二十四条　因合同纠纷提起的诉讼，由被告住所地或者合同履行地人民法院管辖。

第二十五条　合同的双方当事人可以在书面合同中协议选择被告住所地、合同履行地、合同签订地、原告住所地、标的物所在地人民法院管辖，但不得违反本法对级别管辖和专属管辖的规定。

第二十六条　因保险合同纠纷提起的诉讼，由被告住所地或者保险标的物所在地人民法院管辖。

第二十七条　因票据纠纷提起的诉讼，由票据支付地或者被告住所地人民法院管辖。

第二十八条　因铁路、公路、水上、航空运输和联合运输合同纠纷提起的诉讼，由运输始发地、目的地或者被告住所地人民法院管辖。

第二十九条　因侵权行为提起的诉讼，由侵权行为地或者被告住所地人民法院管辖。

第三十条　因铁路、公路、水上和航空事故请求损害赔偿提起的诉讼，由事故发生地或者车辆、船舶最先到达地、航空器最先降落地或者被告住所地人民法院管辖。

第三十一条　因船舶碰撞或者其他海事损害事故请求损害赔偿

提起的诉讼，由碰撞发生地、碰撞船舶最先到达地、加害船舶被扣留地或者被告住所地人民法院管辖。

第三十二条　因海难救助费用提起的诉讼，由救助地或者被救助船舶最先到达地人民法院管辖。

第三十三条　因共同海损提起的诉讼，由船舶最先到达地、共同海损理算地或者航程终止地的人民法院管辖。

c. 专属管辖。专属管辖是法律规定某些民事案件只能由特定人民法院管辖，其他法院无权管辖，当事人无权变更。专属管辖有很强的排他性。

《民事诉讼法》第三十四条　下列案件，由本条规定的人民法院专属管辖：

①因不动产纠纷提起的诉讼，由不动产所在地人民法院管辖；

②因港口作业中发生纠纷提起的诉讼，由港口所在地人民法院管辖；

③因继承遗产纠纷提起的诉讼，由被继承人死亡时住所地或者主要遗产所在地人民法院管辖。

4. 当事人、诉讼代理人

（1）当事人。当事人是指以自己的名义，就特定的民事争议要求法院行使民事裁判权的人以及相对人。一审当事人：原告（要求法院行使民事裁判权的人，即起诉的人）、被告（被诉的相对人）、第三人。

二审当事人：上诉人、被上诉人。

（2）诉讼代理人。民事诉讼代理人是指基于法律规定、法院指定或者当事人的委托授权，在民事诉讼中以当事人的名义并为其利益进行诉讼活动的人。

诉讼代理人有法定诉讼代理人、指定诉讼代理人和委托诉讼代理人之分。

民事诉讼代理人具有以下法律特征：

a. 具有诉讼行为能力（完全民事行为能力）；

b. 以被代理人名义进行诉讼活动；

c. 在代理权限范围内进行诉讼活动；

d. 诉讼代理后果由被代理人承担。

委托诉讼代理人是指基于当事人、法定诉讼代理人的委托，为当事人的利益在授权范围内进行民事诉讼活动的人。委托诉讼代理人的范围，根据《民事诉讼法》第 58 条的规定，包括：

a. 律师；

b. 当事人的近亲属；

c. 当事人所在单位或社会团体推荐的人；

d. 经人民法院许可的其他公民。无民事行为能力人、限制民事行为能力人或者可能损害被代理人利益的人以及人民法院认为不宜作为诉讼代理人的人，不能作为诉讼代理人。

我国民事诉讼法对于委托诉讼代理人的人数作了规定，即以二人为限。如果委托二人作为诉讼代理人，各自的代理权限均应在授权委托书中分别载明。

5. 诉讼费

(1) 诉讼费用的概念。诉讼费用，又称为裁判费用或审判费用，是指当事人因进行诉讼而向法院交纳和支付的费用。

《诉讼费用交纳办法》第 6 条规定：当事人应当向人民法院交纳的诉讼费用包括：

a. 案件受理费；

b. 申请费；

c. 证人、鉴定人、翻译人员、理算人员在人民法院指定日期出庭发生的交通费、住宿费、生活费和误工补贴。

案件受理费包括：

a. 第一审案件受理费；

b. 第二审案件受理费；

c. 再审案件中，依照本办法规定需要交纳的案件受理费。

(2) 诉讼费用缴纳标准。依据《诉讼费用交纳办法》第 13 条规定，财产案件根据诉讼请求的金额或者价额，按照比例分段累计交纳；非财产案件按件交纳。

(3) 诉讼费用的预交负担。案件受理费的预交：第一审案件的受理费，由原告预交。反诉案件，由反诉当事人在提出反诉的同时预交案件受理费。当事人在预交案件受理费的期限内未预交，又不提出缓交申请的，或虽提出缓交申请，但未经人民法院批准的，按自动撤诉处理。上诉案件的受理费，由上诉人预交，双方当事人都上诉的，由上诉的双方当事人分别预交。上诉人在接到人民法院预交诉讼费用通知后7日内仍未预交，又不提出缓交申请的，按自动撤回上诉处理。

(4) 诉讼费用负担的确定。根据《收费办法》规定，一审案件的诉讼费用按下列原则负担：

a. 败诉人负担。

b. 按比例负担。双方都有责任的，由人民法院按当事人在案件中各自责任的大小，决定双方分担诉讼费用的比例。按比例负担实际上是败诉人负担原则的体现。

c. 人民法院决定负担。这一原则适用于离婚案件诉讼费用的负担。根据法律规定，离婚案件诉讼费用的负担，由人民法院根据当事人的具体情况决定。

d. 原告负担。撤诉的案件，案件受理费由原告负担，减半收取。

e. 协商负担。这一原则适用于调解结案的案件。经人民法院调解达成协议的案件，诉讼费用的负担由双方当事人协商解决。协商不成的，再由人民法院决定。

f. 自行负担。由于当事人不当行为所支出费用的，不论实施不当行为的当事人诉讼结束后是否败诉，都应当由该当事人负担。

(5) 诉讼费用的缓、减、免。诉讼费用的缓、减、免是指依照法律规定应当交纳诉讼费用的当事人，因经济上确有困难，无力负担或者暂时无力交付时，经当事人申请，由人民法院决定缓交、减交、免交的制度。

当事人申请缓、减、免诉讼费用的，应向人民法院提出书面或口头申请，是否缓、减、免，由人民法院审查决定。另外，诉讼费用的缓、减、免制度只适用于自然人，而不适用于法人或其他组织。

6. 证据

(1) 证据的概念。民事诉讼证据，是指能够证明案件真实情况的各种事实材料，是法院认定案件事实作出裁判的依据。

法院审理案件必须以事实为依据，而诉讼中的事实应该是被证据所证明的事实。离开证据便无从认定案件事实。我们认为，在民事诉讼过程中，当事人提交的所谓“证据”，其实不是证据，而是证据材料，证据材料必须经过当事人的质证并被法院采纳，才能称之为证据。

(2) 证据的属性。一般认为，作为定案依所的民事诉讼证据应具有客观性、关联性、合法性三个基本属性。

1) 客观性。客观性是指证据必须是客观存在的事实，而非猜测、虚构而来，又称之为证据的客观真实性。

证据的客观性要求证据的形式是客观存在的实体，是客观存在物；其内容是对案件有关的事实的客观记载和反映，是客观存在的事实，而不是主观想象揣测的事实。

为了保证证据的客观性，一方面要求当事人和其他诉讼参与人必须向法院提供真实的证据，不得伪造、篡改。另一方面要求法院在调查收集和审核证据时必须客观、全面，不得先入为主，以偏概全。

2) 关联性。关联性又称为相关性，是指民事诉讼证据必须与所要证明的案件事实存在一定的客观联系。如果与案件事实无关，即便是客观事实，也不得做为认定案件事实的证据。

3) 合法性。合法性是指证据的收集、运用必须符合法律规定的条件。合法性包括以下含义：

a. 证据的主体合法。形成证据的个体和单位必须符合法律的要求。如：不能正确表达意志的人不能作为证人；作出鉴定结论的主体必须具有相关的鉴定资格等。

b. 证据的形式合法。证据的形式合法是指作为证据不仅要求在内容上是真实的，还要求在形式上也符合法律规定的要求。如：代书遗嘱应当有两个以上见证人在场见证，由其中一人代书，注明年、月、日，并由代书人、其他见证人和遗嘱人签名。

c. 证据取得方式合法。证据收集必须要保障他人的合法权利不致因为证据的违法取得而受到侵害。例如：利用视听资料来证明案件事实时，就要求视听资料的取得不得侵犯他人的合法权利，如他人隐私权等。常见的容易侵犯他人隐私权的证据取得方式是所谓偷拍、偷录。同时法院在调查收集证据时，应当两人以上同时进行。不得由一名审判员或书记员独立调查，属于当回避的审判人员不能进行证据调查。

d. 证据程序合法。证据材料最后要作为证据还必须经过一定的诉讼程序，没有经过法律规定的程序，该证据仍旧不能作为认定案件的根据，这一程序就是质证。最高法院在《证据规定》中规定，证据应当在法庭上出示，由当事人质证，未经质证的证据，不能作为认定案件事实的依据。

(3) 证据种类。《民事诉讼法》第 63 条将民事诉讼证据分为如下 7 类：

1) 书证。书证是以文字、符号、图案等所记载和表达的思想内容来证明案件事实的证据，如合同书、借据、图纸等。

书证是民事诉讼中最常见、最重要的证据种类，一般来说书证有以下特征：

a. 书证以其所记载的内容或表达的思想证明案件事实。从其表现来看，该内容可以记在纸张、皮革、布帛之上，也可以铭刻在石头、金属之上。无论记载在何种物体上，它都是以其表达的思想内容来证明案件事实。

b. 书证有较强的证明力。书证具有具体、明确的思想内容，并且往往是和当事人实施民事行为的过程中形成的，记载了民事法律关系发生、变更或消灭的过程。因而通常情况下，一旦围绕该民事法律行为发生纠纷，该书证往往直接起到证明案件主要事实的作用，证明力较强。

c. 书证在形式上相对固定，稳定性强，一般不受时间影响，易于保存。只要书证本身的载体未受损毁，即便经过了很长的时间，其特定的思想内容能对案件事实起到应有的证明作用。

另外根据不同的标准，可以将书证分为公文书、私文书、普通书证与特别书证等。

2）物证。物证是指以物品本身的外在形态以及物品所具有的物质属性来证明案件事实的证据。例如：买卖合同中的标的物，所有权存在争议的物品，受损的物品或受到伤害的身体等。

物证具有以下特征：

a. 物证具有较强的客观性和可靠性。物证是以物品本身的实体物的属性、特征或存在状况来证明案件事实，而这些往往是不受人的主观因素影响的。只要物证本身没有经过伪造或变造，及时得到收集，用科学的方法提取、固定并妥善保存，即具有较强的客观性与可靠性。

b. 物证一般表现为间接证据。单独一个物证，往往不能直接证明案件的主要事实，而需要与其他证据结合起来，才能对主要事实作出认定。

c. 物证具有不可替代性。

3）证人证言。证人是指了解案件情况并向法院或当事人提供证词的人。证言是指证人将其了解的案件事实向法院所作的陈述或证词。在我国，证人包括两类：一类是单位证人，另一类是作为自然人的证人。根据民事诉讼法规定，凡是知道案件情况的单位和个人都有义务出庭作证。但是以下几类人不能作为证人：

a. 不能正确表达意志的人不能作为证人。待证事项与其年龄、智力状况或者精神健康状况不相适应的无民事行为能力人和限制民事行为能力人不能作为证人。

b. 诉讼代理人。由于诉讼代理人与证人的地位是冲突的，因此诉讼代理人不能在一个案件中既做代理人又做证人。

c. 审判员、陪审员、书记员、鉴定人、翻译人员和参与民事诉讼的检察人员。由于其身份，如果在自己参与的案件中作为证人就可能影响审判的公正性，因此这些人不能在本案中作为证人。

4）当事人陈述。当事人陈述是指民事诉讼的当事人在诉讼进行过程中，就与案件有关的事实，尤其是作为诉讼请求根据或反驳诉讼请求根据的事实，向人民法院所作出的叙述。

为证据的当事人陈述是指那些能够证明案件事实的陈述，基于趋利避害的特性，当事人的陈述与其他证据比较，易夹带虚假的成分，为了追求胜诉，当事人可能向法院作一些不真实的陈述，鉴于当事人陈述不同于其他证据的特点，因此，一方面，法院在认定当事人陈述的证据力时往往还需要借助其他证据来证明当事人陈述本身的真实性。另一方面，只有提出主张的一方当事人的陈述时，不能证明其主张。

5）鉴定结论。鉴定，即鉴定人运用自己的专门知识和技能，以及必要的技术手段，对案件中有争议的专门性问题进行检测、分析、鉴别的活动。经过鉴定活动，对鉴定对象所形成的判断性意见结论，称为鉴定结论。

鉴定结论的特点是：一方面，它是鉴定人按照案件的事实材料，按科学技术要求，以自己的专门知识，进行鉴定后提出的结论性意见；另一方面，它是鉴定人对案件中应予查明的案件事实中的一些专门性问题所作结论，而不是就法律问题提供意见。

当事人申请鉴定，应当在举证期限内提出。对需要鉴定的事项负有举证责任的当事人，在人民法院指定的期限内无正当理由不提出鉴定申请或者不预交鉴定费用或者拒不提供相关材料，致使对案件争议的事实无法通过鉴定结论予以认定的，应当对该事实承担举证不能的法律后果。

鉴定结论应当采书面形式，鉴定人应当在鉴定书上签名，同时也应加盖鉴定人所在单位的公章。关于鉴定的方式，最高法院《民诉证据若干规定》第 26 条和第 28 条规定了三种：其一，当事人合意确定鉴定机构和鉴定人；其二，法院指定鉴定机构和鉴定人，这一方式在双方协商不成的情况下使用；其三，当事人单方自行委托鉴定。当事人可以自行委托鉴定的结论，允许对方反驳，若反驳证据充分则可以申请重新鉴定。

6）勘验笔录。勘验，指审判人员对与案件争议有关的现场和物品进行查验、拍照、测量的活动。

勘验笔录反映物品的形状、特征或者现场的状况，属于一种证据形式。勘验可以由当事人申请进行，也可以由人民法院依职权进行。勘验人员进行勘验应出示证件，证明其履行勘验职责，勘验时应邀请当地基层组织或者当事人所在单位派人参加。勘验时当事人或者他的成年家属到场；拒不到场的，不影响勘验工作的进行。勘验的物品或现场，需要保护的，以及勘验工作需要有关单位和个人协助的，有关单位和个人有义务按人民法院的通知，保护现场和协助勘验工作的进行。

尽管勘验笔录是审判人员或者专门的勘验人员制作的，但是，也必须经过质证才能作为定案的根据。经许可，当事人在法庭上可以向勘验人发问。

7）视听资料。视听资料就是利用录音、录像以及电子计算机储存的资料来证明待证事实的证据。大致有录音资料、录像资料、电脑贮存资料等表现形式。

视听资料是随着科学技术发展而出现的新型证据，已被世界各国广泛采用。但是其他国家一般不通过立法规定视听资料这种独立的证据形式。外国的诉讼实践和理论中，一般都把它划归为传统的书证形式。把视听资料作为一种独立的诉讼证据，最早见于我国 1982 年颁布的《民事诉讼法（试行）》，1991 年修改的《民事诉讼法》对此加以肯定，并被《行政诉讼法》、修改的《刑事诉讼法》所借鉴。民事司法实践中，视听资料为法院查明案情、提高审判质量、正确处理民事纠纷提供了很有效的证据方法。

视听资料主要有以下几个特点：第一，较大的客观性和可靠性。它是通过科技手段，反映案件真实情况的原始证据，可以使案件真实得到再现，它一般不受主观因素的影响，能客观地反映案件事实，具有较大的真实性和可靠性。第二，由于视听资料具有技术先进、体积小、重量轻等特点，易于收集、保管和使用。第三，视听资料具有物证所不具备的动态连续性。物证只能反映案件的片断情况，而视听资料可连续地反映案件的动态过程。第四，视听资料具有各种言词证据所不具有的直感性。它能通过再现案件当事人的意思表示、思想感情以及民事法律行为和法律事实的发生、发展变化的过程，含有丰富的信息量。除涉及个人隐私或者商业秘密外，在法庭上，应当庭播放视听资料，质证比较方便。第五，视听资料容易被裁剪或伪造。遇有疑点时，需要通过鉴定或者勘验等方式确定其是否被裁剪或者伪造。

(4) 证据的提出。

1）证据提出的主体及其举证责任。我国的诉讼模式是以辩论主义为原则，以人民法院职权干预为例外的诉讼模式。在这种模式中，证据的提出表现为以当事人向人民法院举证为核心，以人民法院依职权调查收集为补充。

a. 举证责任概述。举证责任是指当事人对有利于自己的事实主张，向人民法院提供证据予以证明，并在法庭审理结束作为裁判根据的事实真伪不明确时负担败诉或不利后果的责任。举证责任的内涵具有双重含义，即行为责任和结果责任。

行为责任和结果责任的关系：行为责任和结果责任是两个性质不同的举证责任；是两种具有内在和外在联系的举证责任。

举证责任的法律性质是败诉风险负担。

b. 举证责任的分配。举证责任的分配是指人民法院在诉讼过程中按照一定规范或标准，将事实真伪不明时所要承担的不利后果在双方当事人之间进行分配。

第一，举证责任分配的原则：

a. 谁主张，谁举证。《民事诉讼法》第64条规定："当事人对自己提出的主张，有责任提供证据。"

b. 参照有关司法解释的原则。

c. 公平原则和诚实原则。

第二，举证责任的倒置。举证责任倒置是指在法定情况下，将属于原告的部分举证责任，分配给被告承担。实行举证责任的倒置的条件：必须是侵权诉讼的案件；必须是被告人对原告人提出的侵权事实否认的（由被告人负责举证）。

举证责任倒置的情形《民事诉讼法》及《证据规定》第4条作了有关规定。

a. 因新产品制造方法发明专利引起的专利侵权诉讼，由制造同样产品的单位或者个人对其产品制造方法不同于专利方法承担举证责任；

b. 高度危险作业致人损害的侵权诉讼，由加害人就受害人故意造成损害的事实承担举证责任；

c. 因环境污染引起的损害赔偿诉讼，由加害人就法律规定的免责事由及其行为与损害结果之间不存在因果关系承担举证责任；

d. 建筑物或者其他设施以及建筑物上的搁置物、悬挂物发生倒塌、脱落、坠落致人损害的侵权诉讼，由所有人或者管理人对其无过错承担举证责任；

e. 饲养动物致人损害的侵权诉讼，由动物饲养人或者管理人就受害人有过错或者第三人有过错承担举证责任；

f. 因缺陷产品致人损害的侵权诉讼，由产品的生产者就法律规定的免责事由承担举证责任；

g. 因共同危险行为致人损害的侵权诉讼，由实施危险行为的人就其行为与损害结果之间不存在因果关系承担举证责任；

h. 因医疗行为引起的侵权诉讼，由医疗机构就医疗行为与损害结果之间不存在因果关系及不存在医疗过错承担举证责任。

第三，举证期限。举证期限是指法律规定或人民法院指定的当事人能够有效举证的期限。对于举证期限的确定，是由当事人协商和人民法院指定。当事人协商确定举证期限的须经人民法院认可；人民法院指定的，指定的举证期限不得少于30天。

2）人民法院调查收集证据。民事诉讼实行处分原则和辩论原则，因此作为裁判依据的证据应当由当事人提出；但特殊情况下，则由法院调查收集证据。人民法院调查收集证据包括两种情形：一种是依职权主动调查收集证据，另一种是根据当事人的申请调查收集证据。

（5）质证。质证是指在法院主持下当事人在诉讼过程中，双方采用询问、辨认、质疑、辩驳等核实方式对对方当事人提出的证据进行质辩的活动。质证有广义或狭义两种含义，广义上的质证是指在整个诉讼过程中对对方当事人的证据进行质证的活动；狭义上的质证是指在庭审过程中对对方当事人在法庭上出示的证据进行的对质、核实活动。在我国民事诉讼立法和司法解释中主要指的是狭义上的质证。

质证的目的是为了就证据的可采性和证明力对法官心证产生影响，使法官能够判定证据能力和证明力。

根据我国《民事诉讼法》第66条的规定："证据应当在法庭上出示，并由当事人互相质证。"最高人民法院的《意见》第72条规定："证据应当在法庭上出示，并经过庭审辩论、质证。"最高人民法院《关于民事经济审判方式改革问题的若干规定》第12条规定："未经庭审质证的证据，不能作为定案的证据。"可知，质证是我国民事诉讼程序中的重要一环，也是诉讼正当程序的重要标志。质证制度的设立有助于审判的公正，并且是约束法官恣意审理的有效机制。

在民事诉讼审判中，法庭应当将当事人的质证情况记入笔录，并由当事人核对后签名或者盖章。

(6) 证据的审核与认定。审核认定证据是指人民法院的审判人员在诉讼参与人的参加下，就当事人举证、质证、法庭辩论过程中所涉及的与待证事实有关联的证据进行查证和核实，以确定案件全部证据证明力的活动。认定证据不但是对证据的证明力进行的审查和认定，而且还包含了对证据是否可采信以及如何采信的含义。当事人举证、质证以及法官认证是一环紧扣一环的诉讼过程。在这一阶段要确认证据的能力和判定证据力的大小和强弱。

第一，认定证据的原则——法官依法独立判断证据原则

我国《民事诉讼法》第64条规定，“人民法院应当依照法定程序，全面客观地审查判断证据。”我国之所以强调依法全面地客观判断证据，这与过去对大陆法系国家自由心证主义的批判是分不开的。过去我们认为自由心证是主观的、唯心的东西，认为它助长了法官判断证据的恣意性，是伪善的。但是现代自由心证主义强调法官心证客观化和合理化，即在公开判决理由和结果的同时，依据合理的经验法则对事实进行认定。因此，在反思我国原有立法的基础上，借鉴大陆法系自由心证的理论。最高人民法院《证据规定》第64条认为，审判人员应当依照法定程序、全面、客观地审核证据，依据法律的规定，遵循法官职业道德，运用逻辑推理和日常生活经验，对证据有无证明力和证明力大小独立进行判断，并公开判断的理由和结果。

第二，认定证据的程序：

单一证据的认定和案件的全部证据的审查判断是《证据规定》第65条和第66条的规定。首先，单一证据的审核认定可以从下列方面进行：①证据是否原件、原物，复印件、复制品与原件、原物是否相符；②证据与本案事实是否相关；③证据的形式、来源是否符合法律规定；④证据的内容是否真实；⑤证人或者提供证据的人，与当事人有无利害关系。其次，对于案件的全部证据的审查判断应根据《证据规定》第66条的规定，“审判人员对案件的全部证

据，应当从各证据与案件事实的关联程度、各证据之间的联系等方面进行综合审查判断。”

在诉讼中下列情况下的证据不能加以认定：①在诉讼中，当事人为达成调解协议或者和解的目的作出妥协所涉及的对案件事实的认可，不得在其后的诉讼中作为对其不利的证据；②以侵害他人合法权益或者违反法律禁止性规定的方法取得的证据，不能作为认定案件事实的依据。下列证据不能单独作为认定案件事实的依据：①未成年人所作的与其年龄和智力状况不相当的证言；②与一方当事人或者其代理人有利害关系的证人出具的证言；③存有疑点的视听资料；④无法与原件、原物核对的复印件、复制品；⑤无正当理由未出庭作证的证人证言。

一方当事人提出的下列证据，对方当事人提出异议但没有足以反驳的相反证据的，人民法院应当确认其证明力：①书证原件或者与书证原件核对无误的复印件、照片、副本、节录本；②物证原物或者与物证原物核对无误的复制件、照片、录像资料等；③有其他证据佐证并以合法手段取得的、无疑点的视听资料或者与视听资料核对无误的复制件；④一方当事人申请人民法院依照法定程序制作的对物证或者现场的勘验笔录。另外，人民法院委托鉴定部门作出的鉴定结论当事人没有足以反驳的相反证据和理由的，也可以认定其证明力。

一方当事人提出的证据，另一方当事人认可或者提出的相反证据不足以反驳的，人民法院可以确认其证明力。而一方当事人提出的证据，另一方当事人有异议并提出反驳证据，对方当事人对反驳证据认可的，可以确认反驳证据的证明力。双方当事人对同一事实分别举出相反的证据但都没有足够的依据否定对方证据的，人民法院应当结合案件情况，判断一方提供证据的证明力是否明显大于另一方提供证据的证明力，并对证明力较大的证据予以确认。

最高人民法院采用了高度盖然性的证明标准和依据证明责任进行判定的原则对于双方当事人分别提出相反证据的以及在事实真伪

不明情况下认定证据。《证据规定》第73条规定，双方当事人对同一事实分别举出相反的证据，但都没有足够的依据否定对方证据的，人民法院应当结合案件情况，判断一方提供证据的证明力是否明显大于另一方提供证据的证明力，并对证明力较大的证据予以确认。因证据证明力无法判断，导致争议事实难以认定的，人民法院应当依据举证责任分配的规则作出裁判。

对于当事人及其诉讼代理人认可的事实和证据，《证据规定》第74条和第76条规定，诉讼过程中，当事人在起诉状、答辩状、陈述及其委托代理人的代理词中承认的对己方不利的事实和认可的证据，人民法院应当予以确认，但当事人反悔并有相反证据足以推翻的除外。当事人对自己的主张，只有本人陈述而不能提出其他相关证据的，其主张不予支持。但对方当事人认可的除外。

有证据证明一方当事人持有证据无正当理由拒不提供，如果对方当事人主张该证据的内容不利于证据持有人，可以推定该主张成立。

人民法院就数个证据对同一事实的证明力可以依照下列原则认定：①国家机关、社会团体依职权制作的公文书证的证明力一般大于其他书证；②物证、档案、鉴定结论、勘验笔录或者经过公证、登记的书证其证明力一般大于其他书证、视听资料和证人证言；③原始证据的证明力一般大于传来证据；④直接证据的证明力一般大于间接证据；⑤证人提供的对与其有亲属或者其他密切关系的当事人有利的证言其证明力一般小于其他证人证言。

人民法院应当在裁判文书中阐明证据是否采纳的理由。对当事人无争议的证据，是否采纳的理由可以不在裁判文书中表述。

（7）审判程序。民事审判程序是人民法院对当事人之间的民事纷案件，通过审理认定争议事实并适用法律进行处理，从而作出裁判的诉讼程序。民事审判程序包括一审程序、二审程序和审判监督程序以及特别程序等。

（二）刑事诉讼

女性权利受到侵害，当加害人的侵权行为触犯了刑法时，女性首先应该保护证据，接着及时报警或去附近的公安派出所报案，由公安机关立案侦查，检查机关提起公诉，人民法院对加害人进行刑事审判。对于自诉案件，女性可以直接到法院起诉。

刑事自诉案件是被害人或其法定代理人向人民法院提起诉讼，由人民法院直接受理的轻微的刑事案件。

自诉案件不经过公安或者检察机关。

《中华人民共和国刑事诉讼法》第170条规定了自诉案件的范围：①告诉才处理的案件；②被害人有证据证明的轻微刑事案件；③被害人有证据证明对被告人侵犯自己人身、财产权利的行为应当依法追究刑事责任，而公安机关或者人民检察院不予追究被告人刑事责任的案件。

《最高人民法院关于执行中华人民共和国刑事诉讼法若干问题的解释》第1条明确了三类案件的具体范围。告诉才处理的案件包括：①侮辱、诽谤案，但严重危害社会秩序和国家利益的除外；②暴力干涉婚姻自由案；③虐待案；④侵占案。人民检察院没有提起公诉，被害人有证据证明的轻微刑事案件包括：①故意伤害案；②非法侵入住宅案；③侵犯通信自由案；④重婚案；⑤遗弃案；⑥生产、销售伪劣商品案，但严重危害社会秩序和国家利益的除外；⑦侵犯知识产权案，但严重危害社会秩序和国家利益的除外；⑧属于刑法分则第四章侵犯公民人身权利、民主权利罪和第五章侵犯财产罪规定的对被告人可能判处三年以下刑罚的案件。

思考与讨论

1. 例举女性权利遭受侵害的例子并分析其原因。
2. 如何理解民事诉讼中的管辖。
3. 谈谈诉讼证据在民事诉讼中的作用。

第一章　女性与政治权利

【案例 1-1】

据 2005 年《中国性别平等与妇女发展状况》白皮书可知：第十届全国人民代表大会女代表占代表总数的 20.2%；女常委占全国人大常委总数 13.2%，比上届增长 0.5 个百分点。

据统计，湖南省古丈县截至 2009 年，共有县级人大代表 155 人，其中女性 16 人，占比例 10.3%，女性常委 2 人，占比例 10.5%；政协委员 155 人，其中女性 29 人，占比例 18.7%。同时，按照《湖南省村民委员会选举办法》及有关法律规定，全县 140 个行政村里，妇女进村支“两委”的 147 人，其中村支书 6 人，占比例 4%；村主任 2 人，占比例 1.4%，在上一届基础上比例有所上升。全县共有女公务员 201 人，占全县公务员总数的 24.1%；女处级干部 8 人，占全县处级干部的 19%；女科级干部 97 人，占全县科级干部总数的 23.1%；35 岁以下的女科级干部 34 人。

点评：从以上数据看，只有少数女性参与国家事务管理。保障女性政治权利，特别是切实保障基层妇女参政议政的权利，使妇女政治权利的保障与当前的经济、社会事业同步发展，是构建社会主义民主法制的需要，是构建和谐社会的需要。

第一节　女性政治权利概说

一、女性政治权利的含义

女性的政治权利是女性公民作为国家政治主体而依法享有的参

加国家政治生活的权利和自由。

政治权利是女性各项权利中最重要的部分。它与其他权利，如文化教育权、劳动权、财产权等紧密相连，它可以促进其他权利的实现。我们所说的女性政治权利有一个基本特征即平等性。在我国，女性享有与男性一样的政治权利，“一样”就标志着平等性。在某些国家，女性的政治权利受到各种限制，例如要有“一定的财产”，有些妇女由于无财产而受排斥。

二、我国女性政治权利立法概况

在我国，党和政府历来十分重视保障妇女的政治权利。1949年中华人民共和国宣告成立，开始了男女平等的新时代。全国人民在党的领导下，废除了一切压迫和奴役劳动人民的旧法律、旧制度，在全国范围内进行了一系列重大的社会变革，而实现男女平等、提高妇女的政治地位是这一伟大变革的重要组成部分。国家通过一系列立法，用法律的形式来保障男女平等的实现。1949年9月中华人民共和国成立前夕颁布的《中国人民政治协商会议共同纲领》第6条庄严宣告：“中华人民共和国废除束缚妇女的封建制度。妇女在政治的、经济的、文化教育的、社会的生活各方面，均有与男子平等的权利。”1954年，第一届全国人民代表大会通过的中华人民共和国第一部宪法明确规定：“中华人民共和国公民在法律上一律平等”，“妇女有同男子平等的选举权和被选举权”。此后宪法的几次修正，也对妇女的政治权利进行了十分明确的规定，特别是1982年宪法，还增加了“实行同工同酬”、“培养和选拔妇女干部”的规定。1953年公布的《中华人民共和国全国人民代表大会及地方各级人民代表大会选举法》还明确规定：“凡年满18岁的中华人民共和国公民，不分民族和种族、性别、职业、社会出身、宗教信仰、教育程度、财产状况和居住期限，都有选举权和被选举权。”可见，妇女有与男子同等的选举和被选举权。

1992年4月3日第七届全国人民代表大会第五次会议通过了

《中华人民共和国妇女权益保障法》，是我国第一部以女性为主体，全面保护女性合法权益的基本法。此法规定的女性政治权利涉及许多方面。其中主要内容包括：

第一，对妇女政治权利宣言性的规定。如第 9 条："国家保障妇女享有与男子平等的政治权利。"

第二，对妇女管理国家、社会事务权的保障。如第 10 条："妇女有权通过各种途径和形式，管理国家事务，管理经济和文化事业，管理社会事务。"

第三，对妇女选举权和被选举权的保障。如第 11 条："妇女享有与男子平等的选举权和被选举权。"

第四，对妇女参政权的特别保障。如第 11 条第 2 款："全国人民代表大会和地方各级人民代表大会的代表中，应当有适当数量的妇女代表。国家采取措施，逐步提高全国人民代表大会和地方各级人民代表大会的妇女代表的比例。""居民委员会、村民委员会成员中，妇女应当有适当的名额。"第 12 条："国家积极培养和选拔女干部。""国家机关、社会团体、企业事业单位培养、选拔和任用干部，必须坚持男女平等的原则，并有适当数量的妇女担任领导成员。"

第五，加强妇女联合会在妇女参政中的作用。如第 13 条："中华全国妇女联合会和地方各级妇女联合会代表妇女积极参与国家和社会事务的民主决策、民主管理和民主监督。""各级妇女联合会及其团体会员，可以向国家机关、社会团体、企业事业单位推荐女干部。"

第六，明确规定侵犯妇女政治权利所负的法律责任。如第 14 条："对于有关保障妇女权益的批评或者合理建议，有关部门应当听取和采纳；对于有关侵害妇女权益的申诉、控告和检举，有关部门必须查清事实，负责处理，任何组织或者个人不得压制或者打击报复。"

1995 年以来，我国政府先后颁布的两部中国妇女发展纲要都将提高妇女的参政水平作为重要目标。由于有关法律、法规的颁布和实施，为中国妇女取得政治上的平等地位提供了可靠的保证。

三、女性行使政治权利的主要途径和形式

妇女行使政治权利的主要途径和形式包括：

（1）选举、监督、罢免人大代表，通过国家权利机关管理国家事务；

（2）以干部身份直接管理国家事务；

（3）通过言论、出版、集会、结社、游行、示威的途径和形式，表达自己的意见和建议；

（4）对国家机关和国家工作人员提出批评、建议；

（5）对于任何国家机关和国家工作人员的违法失职行为，向有关国家机关提出申诉、控告或者检举；

（6）参加妇女组织、工会、共青团等，参与民主管理活动。

第二节 女性政治权利的内容

女性政治权利也是衡量社会文明进步状况的重要标志。女性参与政治生活是女性具有与男性平等的人格和尊严、享有平等权利和地位的表现。我国女性公民的政治权利主要包括参政议政权、选举权与被选举权、政治自由权、监督权及获得赔偿权等内容。

一、女性参政权

女性参政权是指妇女享有和男子平等地参与国家管理的权利，主要是平等的选举权和被选举权。

妇女的政治权利集中体现在妇女参政议政的范围和程度。《妇女权益保障法》第 11 条第 2 款：“全国人民代表大会和地方各级人民代表大会的代表中，应当有适当数量的妇女代表。国家采取措施，逐步提高全国人民代表大会和地方各级人民代表大会的妇女代

表的比例。”“居民委员会、村民委员会成员中，妇女应当有适当的名额。”第12条：“国家积极培养和选拔女干部。”“国家机关、社会团体、企业事业单位培养、选拔和任用干部，必须坚持男女平等的原则，并有适当数量的妇女担任领导成员。”

加强妇女联合会在妇女参政中的作用。如《妇女权益保障法》第13条：“中华全国妇女联合会和地方各级妇女联合会代表妇女积极参与国家和社会事务的民主决策、民主管理和民主监督。”“各级妇女联合会及其团体会员，可以向国家机关、社会团体、企业事业单位推荐女干部。”

《妇女权益保障法》颁行以后，我国政府颁布了《中国妇女发展纲要（1995—2000）》，明确提出了中国妇女参政的具体目标：“提高妇女参与国家和社会事务及管理的程度。积极实现各级政府领导班子成员中都有女性，政府部门负责人中有较大比例的女性”。在执行《提高妇女地位内罗毕前瞻性战略》的国家报告中提出了更为具体的目标：“在2000年以前，实现各级领导班子至少要有一名以上女性：①逐步提高各级人民代表大会中的女性比例；②国务院应有女性副总理或国务委员；③省、地、市、县、乡各级领导班子有女性；④逐步提高妇女在决策和管理中所占的比例。”经过几年的努力，妇女的参政意识和参政程度都有了一定提高；许多地方注意培养、锻炼女干部，女干部队伍有所扩大，一些省级领导班子中有一名以上女性；国家领导人中女性有所增加。应该肯定，《妇女权益保障法》颁行以来，我国妇女政治权利的实现有了一定发展，但仍存在显著不足：例如女性人大代表比例较低，女性参政多在中低层；任高层要职者甚少；女性干部的选任有照顾倾向等等。

二、女性选举权与被选举权

选举权与被选举权是公民基本的政治权利。公民只有享有选举权，才能选举出能够代表人民利益的人参加管理国家大事的工作；公民只有享有被选举权，才有可能亲自代表人民参加国家的管理工作，发挥当家作主的积极作用。在我国，公民的选举权与被选举权是平等的、广泛的。依照宪法和选举法的规定，女性和男性一样，享有平等的选举权和被选举权。女性行使选举权和被选举权，既有物质保证，又有法律保障，如选举经费由国库开支，选举程序进一步民主化，破坏选举的将受制裁等等。

三、女性的言论、出版、集会、结社、游行、示威等自由权

女性的言论、出版、集会、结社、游行、示威等自由权是作为公民的女性关心国家大事，表达自己的见解和愿望，以及参加国家政治生活不可缺少的民主权利。

言论自由，是指宪法规定公民可以通过口头或书面以及著作等方式表达自己的意见的自由。我国是社会主义国家，充分保障公民的言论自由，提倡和鼓励人民群众畅所欲言，并为此提供有利的条件。改革开放以来，发扬民主，广开言路，号召男女公民解放思想，大胆创新，为社会主义现代化建设献计献策。在现实生活中，妇女和男子一样，对国家的大政方针提出了很多有益的建议。

结社自由，是指宪法规定公民为一定宗旨组成某种社会组织的自由。在我国，有各种形式的社会团体，这些社会团体只要是依法成立，就受到国家的保护。在各种社会团体中，有专为研究妇女问题的社会团体，如女青年会、妇女理论研究会、妇女问题研究所等等。

集会自由，是指宪法规定公民聚集在一定场所商讨问题或表达意愿的自由。

游行自由，是指公民采取列队行进方式来表达意愿的自由。

我国宪法规定的这些自由适用于男女公民。当然，行使这些自由，必须符合法律的规定。任何国家的任何自由都不是绝对的。法律赋予男女公民以广泛的权利和自由，同时也要求男女公民正确行使这些权利和自由。

四、女性的批评、建议、申诉、控告检举权和依法取得赔偿权

公民可以对国家机关及工作人员的失职行为提出批评、建议或申诉、控告。为了保障公民行使这些权利，有关的国家机关都设有接待室，处理来信、来访等问题。我国公民之所以享有这些权利和自由，是由我们国家的社会主义性质所决定的。在我国国家机关的一切工作人员都是人民的勤务员，人民群众包括广大女性公民有权关心国家大事，有权对国家机关及工作人员的工作进行监督。任何公民，当自己的合法权益受到侵害的时候，有权提出申诉，并且有依法取得赔偿的权利。我们妇女在自己权利受到侵害时，不仅可以到有关部门申诉，而且可以到各级妇女联合会去反映。各级妇女联合会应给予必要的法律支持，为帮助妇女解决问题提供更多的途径。

在上述各项政治权利中，最重要的是选举权和被选举权。在现实生活中，妇女的选举权已得到实现，但被选举权的实现还存在一定的障碍。近年来，妇女在参与国家管理与决策方面，出现了不少新的问题。所以，妇女参政问题已引起了社会普遍关注。

思考与讨论

1. 如何看待女性参政权？

2. 你认为如何加强女性的政治权利保障？

第二章　女性与人身权

【案例2－1】

2011年6月20日，我们在网上看到一则新闻，说是吉林省长白山市一妇女在长达三个月的时间里，被同居男友用钢针在身体上刺下了百余字的污言秽语。而在如此漫长的受虐时间里，她既没报警也没通知自己的家人，这使得许多妇女组织和法律专家感叹，妇女维权任重道远。

不过下面的案例，是女性维权的好榜样。中国法院网讯：因照片被擅自用在网站上做宣传，演员苗圃将北京一家医院诉至丰台法院，要求医院赔礼道歉并赔偿损失。2012年6月14日北京市丰台区人民法院对该案作出一审宣判，判决被告医院在该医院网页主页上刊登致歉声明，并赔偿苗圃经济损失3万元及精神抚慰金1万元，驳回苗圃其他诉讼请求。

苗圃起诉称，2012年2月，她被告知北京一家医院在其网站上擅自使用她的照片作为文章配图宣传某手术。2012年3月6日，苗圃委托律师向医院发出律师函，但医院没有作出回应。苗圃认为，医院未经允许擅自使用她的照片用于商业网站的宣传，侵犯了她的肖像权，使其社会评价降低，侵犯了其名誉权，因此她将医院诉至法院，要求被告医院在全国公开发行的报纸上向其赔礼道歉，赔偿经济损失8万元，精神损失费2万元，证据保全费、交通费、通信费等合理开支2500元。

庭上，被告医院辩称，网站并非商业网站，影响范围很小；文章是公益性文章，只是说明手术的价钱，没有做宣传；被告是非盈利单位；苗圃的照片是公开的，网站系合理使用，请求法院驳回原告的诉讼请求。

法院经审理认为，公民享有肖像权，未经本人同意，不得以营利为目的使用公民的肖像。被告未经原告同意，在涉嫌商业用途的文章中使用原告照片，起到了一定的宣传作用，侵犯了原告的肖像权，故被告医院关于其经营性质为非营利性、文章属于公益性质抗辩理由不能成立。被告的行为给原告造成一定的不良影响，在一定程度上构成了对原告名誉权的侵害，故被告亦应承担相应的责任，据此作出上述判决。

思考：你如何看待肖像权等人身权问题？关于人身权的法律保护有哪些？

第一节　女性人身权概说

一、女性人身权的含义

女性的人身权利是法律赋予女性所享有的、与其人身不可分离而无直接财产内容的、以其人格与身份利益为客体的民事权利。女性拥有独立的人格，不再是男性的附庸，“国家保障妇女享有与男子平等的人身权利”。

不论是男性公民还是女性公民作为民事主体，人身权是现代文明社会人们赖以生存和发展的必要条件。一个民事主体由于某种原因可能不拥有财产，不享有财产权，但却不可能不拥有人身权。在任何一个国家，法律总要赋予民事主体以这样或那样的人身权，否则，民事主体就失去了存在的前提。在现代社会，从一定的意义上讲，人们所享有的许多人身权利是与生俱来的，这也是人身权与财产权的一个重大区别。因为任何财产权的取得都得基于一定的事实和理由，而非与生俱来。

在论及人身权时往往会涉及人权这一概念。人权是西方法学和政治学上的一个概念，是指自然人基于自然属性和社会属性所固有的基本权利。在西方国家有天赋人权之理论，认为人权是与生俱来的，是自然人所固有的。人权也曾经是资产阶级摆脱封建桎梏、发展资本主义的政治口号，有其历史的进步意义。民法上所使用的人身权与人权是两个不同的概念，人身权只是人权的一个组成部分。在使用上，人权更多地是在公法上使用，人身权则更多地是在私法上使用。

人身权的特点包括：①人身权具有固有性，具体说人身权（尤指人格权）与权利主体存在的同期性；人身权的存在与权利主体的意志无关；人身权的专属性和法定性。②人身权具有非财产性。③人身权具有绝对性和支配性。

二、女性人身权的内容

女性的人身权分为人格权和身份权。人格权主要有生命健康权、身体权、姓名权、肖像权、隐私权、名誉权。身份权主要有荣誉权、亲权、配偶权、亲属权。另外还有刑事程序中女性人身权利获得特别保护的权利等。

（一）生命健康权

1. 生命权

生命权是自然人以其性命维持和安全利益为内容的人格权。生物学意义上的生命是指由高分子的核酸蛋白体和其他物质组成的生物体所具有特有现象。而法律上的生命则是指能够独立呼吸并能进行新陈代谢的活的有机体，是人赖以存在的前提，也是公民行使其他民事权利的基础。生命的存在和生命权的享有，是每个公民的最高人身利益。如果生命终止了，自然人的其他任何权利也就全部失去了意义。

生命权包括生命安全维护权，当生命安全受到侵害时，受害人享有司法保护请求权。公民的生命不被非法剥夺。

2. 健康权

健康，是指人体各种生理机能的正常机转，没有任何身心障碍。健康不限于器质健康、功能健康，也包括生理健康和心理健康。健康与生命互相联系而又不相同。生命是健康的前提和条件，没有生命，无所谓健康；但有生命则不一定健康。健康权是自然人以其器官乃至整体的功能利益为内容的人格权。

健康权包括保持自己健康的权利，当健康权受到侵害时，受害人享有司法保护请求权。

（二）身体权

身体，即自然人的躯体，包括四肢、五官及毛发、指甲等。假肢、假牙已构成肢体不可分离的一部分，亦应属于身体。身体是人的生命和健康得以存在的物质载体。无身体，也就无所谓生命、健康。身体权则为自然人对肢体、器官和其他组织依法享有的完整和支配的人格权。我国《民法通则》第 119 条对此规定："分割公民身体造成伤害的，应当赔偿医疗费、因误工减少的收入、残废者生活补助等费用。"与自然人的生命权不同，身体权主要保护的是人的肢体、器官和其他组织的完整。

保护公民的生命、身体和健康，是我国各个法律部门的共同任务。司法实践中，侵害生命、身体和健康，是各个法律部门的共同任务。司法实践中，侵害生命、身体和健康权的违法行为主要表现为三种：一是侵害生命权，即非法剥夺他人生命；二是侵害身体权，即因直接伤害行为或不履行法律规定的义务而伤害公民身体完整；三是侵害健康权，即违反环境保护法或违反相邻关系法律准则，以污染物、噪音等损害他人健康。对侵害公民生命、身体和健康的行为，根据侵害行为的性质、情节和程度等，可分别追究加害人的行政责任、刑事责任、民事责任。我国《刑法》第 232 条、第 233 条、第 234 条、第 235 条，对故意杀人或过失致人死亡、伤害等严重侵害他人生命、身体和健康的犯罪行为分别规定给予不同的刑事处罚，最高可判处死刑。《治安管理处罚条例》第 22 条，对殴打他人等侵害他人生命、身体和健康权的行为，不论是追究刑事责任，还是追究行政责任，都不排除民事责任的适用。通常情况下，大部分侵害公民生命、身体和健康的行为，可能不构成犯罪，或够不上承担行政责任，但一般都能依照《民法通则》的规定令其承担民事责任。

《妇女权益保障法》第 38 条规定：妇女的生命健康权不受侵犯。禁止溺、弃、残害女婴；禁止歧视、虐待生育女婴的妇女和不育的妇女；禁止用迷信、暴力等手段残害妇女；禁止虐待、遗弃病、残妇女和老年妇女。

《妇女权益保障法》第 39 条规定：禁止拐卖、绑架妇女；禁止收买被拐卖、绑架的妇女；禁止阻碍解救被拐卖、绑架的妇女。

各级人民政府和公安、民政、劳动和社会保障、卫生等部门按照其职责及时采取措施解救被拐卖、绑架的妇女，做好善后工作，妇女联合会协助和配合做好有关工作。任何人不得歧视被拐卖、绑架的妇女。

（三）人身自由权

人身自由权是指女性依法享有的其人身和行动完全由自己支配而不受任何组织或个人非法限制或侵害的权利。它是公民最起码、最基本的权利，也是公民参加政治、文化、社会、诉讼等活动和享受其他权利的先决条件。

女性的人身自由权，主要内容表现为女性不受非法拘禁、逮捕和搜查。

人身自由依法受保护。我国《宪法》第 37 条规定：中华人民共和国公民的人身自由不受侵犯。任何公民，非经人民检察院批准或者决定或者人民法院决定，并由公安机关执行，不受逮捕。禁止非法拘禁和以其他方法非法剥夺或者限制公民的人身自由，禁止非法搜查公民的身体。

《妇女权益保障法》第 37 条规定：妇女的人身自由不受侵犯。禁止非法拘禁和以其他非法手段剥夺或者限制妇女的人身自由；禁止非法搜查妇女的身体。

(四)姓名权

姓名包括姓氏和名字两个部分。它是每个人所固有的并同其他人区别开来的特定标志。

姓名权则是公民依法享有的决定、使用、改变自己姓名，并排除他人侵害的权利。姓名权作为公民的一项重要的人格权，主要包括下列内容：

1. 姓名的命名权

这是指公民有权决定自己的姓名。每一个公民都有权依照法律和有关规定，决定自己的姓名、别名、笔名、艺名等，任何人无权干涉。

2. 姓名的使用权

它是指公民有权使用自己的姓名。姓名权是一种绝对权，公民对自己的姓名享有专用权，任何人无权加以阻止。同时，公民也有权请求他人正确使用自己的姓名。但公民使用姓名的权利也有一定的限制。凡具有法律意义的证件、契据、文件及向司法机关作证等场合，要求公民必须使用正式姓名。

3. 姓名的变更权

这是指公民有权变更自己的姓名。公民的姓名在其出生后即记入户籍登记簿成为一项重要的人身权利。公民可以改变自己的姓名，但必须依照有关规定向户籍管理机关申请并获批准并在户籍簿和身份证上作变更登记。至于笔名、艺名等的变更不在此限。

(五)肖像权

肖像是指公民的个人形象通过摄影、造型艺术或其他形式在客观上的再现。它反映肖像者的真实形象和特征，与特定的人格不可分离。肖像可以是一般的照片、画像，也可以是其他艺术形式的再现物，或艺术摄影、雕塑等等。

肖像权是指公民通过造型艺术或其他形式在客观上再现自己形象所享有的专有权。公民有权同意或不同意在造型艺术作品或其他客观形式中再现自己的形象；同意或不同意某一社会组织或个人使用其肖像；以及同意或不同意在某种范围内以何种方式使用其肖像。

1. 形象再现权

它是指公民享有通过造型艺术或其他形式来再现自己形象的专有权，通常表现为制作肖像的决定权和实施权。

2. 肖像使用权

它是指公民享有对其肖像是否允许传播、展览、复制、用作言行或商标等的专有权。公民可以同意、也可以不同意他人使用自己的肖像。不得未经本人同意，以营利为目的使用他人的肖像，如擅自将他人的肖像用于广告，制作挂历、书刊封面、插页等。

（六）隐私权

隐私是指公民个人生活中不愿为他人公开或知悉的秘密，包括个人私人生活、个人日记、照相簿、储蓄及财产状况、生活习惯及通讯秘密等。

隐私权亦称个人生活秘密权或生活秘密权，是指公民不愿公开或让他人知悉个人秘密的权利。隐私权是人类文明发展的结果。一般认为，这一概念起源于美国法理学家沃伦和布兰代斯合写的题为《私生活秘密权》的论文中，该论文于1890年在哈佛法学评论上发表。到20世纪70年代，美国相继制定了与保护隐私权有关的法律。随后，世界上许多国家都将隐私权作为一种宪法权利加以保护。由于各国以法律形式肯认隐私权，使得权利的保护发展较快，并引起国际社会的关注。联合国大会1948年通过的《世界人权宣言》第12条规定："任何人的私生活、家庭、住宅和通信不得任意干涉，他的荣誉和名誉不得加以攻击，人人都有权享受法律保护，以免受这种干涉或攻击。”1966 年联合国大会通过的《公民权利和政治权利国际公约》第 17 条也作了类似规定，并指出“刑事审判应该公开进行，但为了保护个人隐私，可以不公开审判。”

隐私权的“秘密性”包括两层含义：一是，隐私保守权；二是，隐私维护权。隐私权的内容很多，主要包括了以下几个方面：

（1）个人生活安宁权。它是指权利人能够完全依自己的意志来支配自己的个人私生活，不受他人的非法干涉与破坏的权利。它包括普通人的私生活不受非法窥视和骚扰，公民的住宅神圣不侵犯等。

（2）个人信息的控制与保守权。凡是仅与特定的个人相联系的信息和资料，包括诸如个人的身高、体重、病史、日记、生活经历、信仰、爱好、婚姻、财产状况以及社会关系等情况，权利人有权禁止他人非法调查、查看、收集、公布。

（3）隐私的利用权。权利人有权依照自己的意志来利用自己的隐私从事自己愿意从事的有关的活动，以实现自己的利益而不受他人的非法干涉。

（七）名誉权

名誉是指社会或他人对特定公民的品德、才干、信誉、商誉、功绩、资历和身份等方面评价的总和。

公民的名誉是指有关公民道德品质、生活作风及其社会评价。公民的名誉权通常表现在以下几个方面：

（1）任何新闻报道、书刊杂志在对真人真事进行报道、评论、传播时，都不得与事实不符，而影响公民原有的社会评价。

（2）公民的个人隐私受法律保护，任何个人和组织都无权向社会公开或传播。

（3）任何人都不得以侮辱、诽谤的方法，损害他人名誉。

（4）任何人不得捏造事实，陷害他人，损害其名誉。

（八）荣誉权

1. 荣誉权的含义

公民的荣誉是指特定的公民从特定组织依法获得的积极评价。公民的荣誉权则为公民依法享有的保持自己的荣誉称号，并不受非法剥夺的权利。从其性质看，它具有严格的人身属性，与权利不可分离，既不可转让，也不受非法剥夺；在内容上，该权利并无财产内容，但它可成为公民获得财富和从事民事活动的前提和基础；从其主体范围看，它属于绝对权，权利主体仅凭自身行为就可享有和实现自己的权利，其他不特定的任何人均负有不妨碍和不侵犯的义务。

荣誉和名誉一样，都是社会对特定的公民或法人行为的一种评价，在某些方面有一定的关联性，如获得荣誉称号能提高人的名誉，使之较其他人具有更高的名誉；而侵害了荣誉权，往往也就侵害了名誉权。但荣誉权与名誉权仍有很大不同，其主要的区别点在于：

（1）取得的方式不同。名誉权是法律赋予每个公民对自己的名誉依法享有的不可侵犯的权利，该权利的取得，不需任何其他条件；而荣誉权虽为每一个公民可能取得的权利，但又不是每个公民或法人都能实现的，因为除了规定的之外，它必须通过自己的劳动，对社会作出贡献并受到国家机关或社会组织的表彰，授予荣誉称号时才能取得。

（2）范围不同。名誉权是每一个公民普遍享有的人身权，只要作为一个民事主体，便可享有一定的名誉权；而荣誉权则不是每一个公民都享有，只有某些特定的公民才能享有。因此，名誉权具有普遍性，而荣誉权则具有专属性。

（3）内容不同。名誉是社会对每一个公民的品德、生活作风、才干、声望等方面的评价；而荣誉则为国家机关或社会组织对某一特定的公民授予的一种特殊名誉。

（4）消灭不同。名誉权通常无法剥夺和限制；而荣誉权则不同，在法定事由下，对公民已经获得的荣誉称号可依法予以剥夺。如获得荣誉称号的公民有犯罪行为被判处徒刑，依法院的判决剥夺其荣誉称号；公民用虚报事等不正当方式骗取荣誉称号，经查实后由授予单位作出决定予以撤销；公民有其他违反法律或社会公德的行为，显然与荣誉称号获得者的身份不相称时，也可由有关国家机关作出决定予以剥夺等。

2．荣誉权的取得

按照有关法律的规定，公民的荣誉因其种类不同，荣誉权的取得也不同。

（1）因科学技术研究及技术进步而取得的荣誉权。该类权所涉及的荣誉主要包括：发明奖、合理化建设和技术改进奖、自然科学奖、科学技术进步奖等。

（2）公民因尽职尽责而取得的荣誉权。企业职工和国家机关工作人员，根据国务院发布的《企业职工奖惩条例》和《国务院关于国家行政机关工作人员的奖惩暂行规定》的规定，有权获得奖励，包括：记功、记大功、发给奖金，授予先进工作（生产）者的荣誉称号，升级、升职、通令嘉奖等。

（3）公民依法取得的其他荣誉，如模范教师、优秀党员、文明单位、先进集体等，对此所享有的荣誉权。

我国《民法通则》第 102 条规定："公民、法人享有荣誉权，禁止非法剥夺公民、法人的荣誉称号。"据此，凡侵犯公民、法人的荣誉权，包括非依法定程序取消荣誉获得者的荣誉称号或资格、取消荣誉称号获得者应得奖章、证书和奖励等行为，加害人应按《民法通则》第 120 条的规定承担民事责任。

（九）亲权

亲权是指父母基于其身份对未成年子女人身和财产方面的管教和保护的权利。亲权源渊于罗马法和日耳曼法。父或母享有同等的亲权。

通常情况下，父母同为未成年子女的亲权人。父母一方死亡或被剥夺亲权时，一般由另一方行使亲权；父母离婚或别居或婚姻无效时，则由法院判归监护子女方行使亲权。

亲权的内容较为广泛，一般分为以下两种：

1. 对于子女人身上的权利

（1）保护和教育权。保护是指父母对未成年子女的身心健康及安全负有保护权，如疾病防治、生活照料、人身安全防范以及人身遭受侵害时的保护等。教育则为父母对未成年子女身心发育和思想道德以及精神纯正等培育的权利，如不允许未成年子女女接触宣扬色情、恐怖、残忍和迷信的影视读物，防止他们沾染赌博、吸毒等不良习气。

（2）住所决定权。它是指父母对未成年子女的住所、居住享有的指定权。未成年子女不得随意离开父母指定的住所、居所。该权利旨在保障未成年子女的安全。

（3）惩戒权。当未成年子女不听从父母管教，沾染不良习气时，法律赋予亲权人在必要的范围内对未成年子女进行适当的惩戒，旨在惩前毖后。该权利的行使，应防止滥用，不容许虐待行为和不人道的体罚。

（4）身份行为上的法定代理权和同意权。它是指未成年子女为无行为能力人时，须由法定代理人代为意思表示；未成年子女为限制行为能力人时，须经法定代理人同意方可进行法律行为。如未成年子女被伤害，父母得以法定代理人身份要求加害人予以治疗和赔偿；未成年子女因病需手术治疗须经父母同意等。

2. 对子女财产上的权利

（1）管理权，即父母对未成年子女的财产享有保存和管理的权利。

（2）使用收益权，即为了未成年子女的利益，在不毁损、变更财物或权利性质的前提下，父母有支配、利用财物并获取收益的权利。

(3) 处分权，即为了子女的利益和需要，经有关机关批准，父母可转让、处分未成年子女的财产。

除上述外，亲权还包括对未成年子女的姓名设定权、职业许可权、子女交还请求权、法律行为补正权、失踪和死亡宣告申请权。

(十) 配偶权

依照法定的程序确立夫妻关系的双方互为配偶。配偶权则为合法有效的婚姻关系存续期间，夫对妻以及妻对夫为配偶的一种身份权。马克思主义认为，夫妻在家庭中的地位是由男女两性的社会地位决定的，也就是由一定的社会制度决定的。

配偶权的内容包括以下几方面：

(1) 姓名权，即夫妻双方都有各自使用自己的姓名的权利。这是夫妻人身关系的重要组成部分，是配偶各方享有的一项重要权利。

(2) 配偶的人身自由权，即夫妻双方都有参加生产、工作、学习和社会活动的自由，一方不得对他方加以限制或干涉。

(3) 同居权，即夫妻双方以配偶身份共同生活的权利。夫妻性生活是重要的，但非惟一的内容。

(4) 忠实请求权，即夫妻互有要求对方保持贞操的权利。

(5) 协助权，即在婚姻关系存续期间，夫妻基于身份关系而彼此协作、救助的权利与义务。

(6) 离婚权，即解除婚姻关系的请求权。

(7) 其他权能，即除上述权利外，配偶权还包括财产权、代理权、监护权、扶养权、住所商定权、继承权、收养子女权、行为能力欠缺宣告申请权等。

(十一) 亲属权

亲属是指婚姻、血缘和收养所产生的社会关系。亲属权则为父母与成年子女、祖父母与孙子女、外祖父母与外孙子女以及兄弟姐妹之间的身份权。根据我国《婚姻法》和《民法通则》的有关规定，亲属权主要包括以下内容：

1. 父母与成年子女之间的权利

父母对患有精神病的成年子女有监护权和抚养权；成年子女对父母有赡养权；父母子女之间互有继承权；父母子女之间互有行为能力宣告、失踪宣告和死亡宣告申请权；一方失踪后的财产代管权等。

2. 祖父母、外祖父母与孙子女、外孙子女间的权利

有负担能力的祖父母、外祖父母，对于父母已经死亡，或者父母一方死亡，另一方确无能力抚养或父母均丧失抚养能力的未成年的孙子女、外孙子女有抚养权和监护权；有负担能力的孙子女、外孙子女，对于子女已经死亡或子女确无赡养能力的祖父母、外祖父母有赡养权；互有继承权、行为能力宣告、失踪宣告、死亡宣告申请权；一方失踪后的财产代管权等。

3. 兄弟姐妹之间的权利

有负担能力的兄、姐，对于父母已经死亡或者父母无力抚养的未成年的弟、妹有抚养权的监护权；由兄、姐抚养长大的有负担能力的弟、妹，对丧失劳动能力、孤独无依的兄、姐有扶养权；互有继承权、行为能力宣告、失踪宣告和死亡宣告的申请权；一方失踪后的财产代管权等。

家庭成员之间的各项身份权依法受保护。凡是虐待、遗弃家庭成员，负有抚养、扶养、赡养义务而拒绝履行义务的，都是侵害家庭成员身份的行为。受害一方的家庭成员有权请求加害人停止侵害、履行义务、赔礼道歉以及赔偿损失。对于情节严重，构成犯罪的，应依照我国《刑法》有关规定，依法追究刑事责任。

（十二）刑事程序中女性人身权利获得特别保护的权利

作为犯罪嫌疑人、被告人，特殊时期不受逮捕的权利。《中华

人民共和国刑事诉讼法》第 60 条第 2 款规定："对应当逮捕的犯罪嫌疑人、被告人，如果患有严重疾病，或者是正在怀孕、哺乳自己婴儿的妇女，可以采取取保候审或者监视居住的办法。"

即使罪该判处死刑，但在特殊时期有不被判死刑的权利。《中华人民共和国刑法》第 49 条规定，审判的时候怀孕的妇女，不适用死刑。

三、关于人身权的法律保护

(一) 人身权的民法保护

人身权的法律保护，是指以国家的法律保障公民在法律规定的范围内充分行使自己的人身权利，并依法追究侵害他人人身权利的侵权行为人的法律责任。

切实保护公民特别是女性公民的人身权利，是我国宪法、刑法、行政法、民法、婚姻法等法律的共同任务，就刑法、民法、行政法这三大实体法来看，有关人身权保护的地位就显得极为突出。

对人身权的法律保护，虽为我国各个法律部门的共同任务，但主要是通过民法予以实现的。与国外相比，我国《民法通则》关于人身权的规定，无论是在内容上还是在立法技术上，都很有特色。如在体例上，《民法通则》吸收了外国有益之处，结合我国实际，对人身权的内容作了较为系统、全面的规定；在保护上，《民法通则》不仅确认和保障公民、法人的人身权得以实现，而且明确规定依法追究分割人的民事责任。可见，各种人身权的性质、内容、范围，以及对各种分割人身权的行为的认定和制裁，首先是由民法来规定的，离开了民法的直接确认，就会失去保护的基准和依据，受害人的精神损害和财产损失也就难以得到补偿。同时，民事关系是社会日常生活最广泛、最复杂、最频繁的法律关系，而人身关系又是民事关系重要的组成部分，体现着人们人身方面的权益。因此，以法律手段时时处处保护公民、法人的人身权益便成为民法的重要任务。没有民法的普遍保护，人身性的社会关系就会陷入紊乱状态。

根据《民法通则》第6章“民事责任”的规定，承担民事责任的方式主要有10种。其中分割人身权的民事责任主要有停止侵害、恢复名誉、消除影响、赔礼道歉、赔偿损失等5种责任方式。前4种属于非财产责任方式，最后一种属于财产责任方式。具体适用时，几种责任方式既可单独用，也可合并适用。通常情况下，要以非财产性的责任承担方式为主，以财产责任承担方式为辅。

(1) 停止侵害，即在侵害人身权的行为持续进行尚未结束的情况下，受害人要求侵权人停止发行、传播败坏自己名誉的书刊、隐私等。停止侵害作为一种民事责任，对防止不良影响的扩大，妥善处理纠纷具有重要作用。

(2) 消除影响、恢复名誉，即当他人人格权受到不法侵害，造成了不良的社会影响时，受害人有权要求加害人以适当的方式，在其人身利益遭受损害的同等范围内，消除所造成的不良影响，以恢复受害人的名誉和人格尊严。

(3) 赔礼道歉，即侵权人对其侵害他人人身权的不法行为主动向受害人承认错误，致以歉意，请求受害人予以宽恕。它是侵害人身权责任中最轻的一种，但可起到在道义上补受害人心理所受到的无形损害的特殊作用。

(4) 赔偿损失，即当公民、法人的人身权遭受不法侵害并造成损失时，受害人有权自行要求通过司法机关判令加害人给以财产补偿。对受害人人身所造成的损失，既包括受害财产上的损害，也包括受害人精神上的损害。

(二) 关于精神损害赔偿

1. 关于精神损害赔偿适用范围问题

确认精神损害赔偿的范围往往涉及行为人是否承担赔偿责任和受害人有无赔偿请求权的法律适用问题。它是依法确定赔偿标准和赔偿数额的前提和条件。各国立法对此规定不尽相同，一般采取限制原则，即精神损害赔偿的范围以法律明文规定的情形为限，不宜随意扩大。

《民法通则》第 120 条规定：“公民的姓名权、肖像权、名誉权、荣誉权受到侵害的，有权要求停止侵害，恢复名誉，消除影响，赔礼道歉，并可以要求赔偿损失。”这一规定当时在司法实践中有不同的看法，但对进一步完善我国的人身权法律保护制度确定起到了积极作用，并掀起了学界深入研讨精神损害赔偿的热潮。随着我国社会生活的巨大变化，民主法制观念逐步深入人心，尤其是以人为本，权利在民的意识日益觉醒，为了正确适用法律，确保司法公正，最高人民法院在广泛征求意见的基础上，起草制定了《最高人民法院确定民事侵权精神损害赔偿责任若干问题的解释》，并于 2001 年 3 月 10 日起施行。依据这一解释，精神损害赔偿适用以下范围：

（1）侵害他人生命权、健康权、身体权。

（2）侵害他人姓名权、肖像权、名誉权、荣誉权。

（3）侵害他人人格尊严权、人身自由权。

（4）违反社会公共利益、社会公德、侵害亲子关系或者近亲属间的关系遭受严重损害，监护人请求赔偿精神损害。

（5）非法使被监护人脱离监护，导致亲子关系或者亲属间的关系遭受严重损害，监护人请求赔偿精神损害。

（6）自然人死亡后，侵权者因对死者实施侵权行为而致其近亲属遭受精神痛苦的，其近亲属请求赔偿精神损害。

（7）具有人格象征意义的特定纪念物品，因侵权行为而意外性灭失或者毁损，物品所有人以侵权为由请求赔偿精神损害。

2. 关于精神损害赔偿标准问题

精神损害赔偿的标准和数额不仅是一个最为复杂、棘手的理论问题，也是当前审判实践中亟待解决的问题。我国学术界对此主要有两种观点：一种主张应对侵害人身权的损害赔偿规定一个起点和上限额，在规定范围内依法确定精神损害赔偿数额；另一种主张精神赔偿，不宜确定具体数额，而就从实际出发，依据公平、合理、合法的则来确定具体数额。

我们认为，金钱赔偿并不是给精神损害“明码标价”，精神损害与金钱赔偿之间不存在商品、货币领域中等价交换的对应关系，因为自然人的精神利益不可能在质上等同于任何质与量的物或金钱。同时，由于案件千差万别，我国各地经济发展水平和生活水平也相差很大，而且社会还处在不断的发展变化之中，故在法律上难以规定详尽的统一赔偿标准。金钱赔偿实质上是人民法院审判人员依法行使审判权，对加害行为的可归责性及其道德上的可谴责性，结合精神损害后果的严重程度作出的司法裁判。因此，精神损害赔偿的标准，应当根据当地社会的经济文化发展水平，考虑社会公众的认可程度，公平、合理地确定赔偿数额。如果人为地对精神损害赔偿规定一个统一的限额标准，不仅理论上不科学，而且实践中也难以做到。

《最高人民法院民法通则意见》（修改稿）第174条规定：“公民的姓名权、肖像权、名誉权、荣誉权和法人的名称权、名誉权、荣誉权受到侵害，公民或者法人要求损害赔偿的，人民法院可以根据侵权人的过错程度、侵权行为的具体情节、后果和影响，确定赔偿责任。”最高人民法院《关于确定民事侵权精神损害赔偿责任若干问题的解释》第10条规定：“精神损害的赔偿数额根据以下因素确定：①侵权人的过错程度，法律另有规定的除外；②分割的手段、场合、行为方式等具体情节；③侵权行为所造成的后果；④侵权人的获利情况；⑤侵权人承担责任的经济能力；⑥受诉法院所在地平均生活水平。法律、行政法规对残疾赔偿金、死亡赔偿金等有明确规定的，适用法律、行政法规的规定。”

参照这些规定，针对精神损害赔偿的特性和抚慰性等特点，我国学者普遍认为，在确定精神损害赔偿数额时，应考虑以下因素：

（1）侵权人的过错程度，即故意实施分割他人人身权行为者，包括故意盗用或假冒他人姓名或名称、故意制造和散布谣言、恶意诽谤中伤他人、贬损他人人格尊严、侮辱他人名誉者等，在确定赔偿数额时应依法多赔。共同侵害他人人身权中过错大者或分割人事后态度恶劣者应依法多赔。

（2）侵权行为的具体情节，即分割人所采取的侵权方法、场合和手段。

（3）侵权行为的后果，即受害人的精神损害程度。对不同程度的精神损害应作出相应的损害赔偿数额，以示公平合理。因此，对受害人精神损害程度重者应依法多赔。

（4）侵权行为的社会影响，即侵害行为所造成的社会后果。精神损害所产生的社会影响，往往同受害人的身份、地位、社会知名度的大小以及当地群众的思想意识和法律意识水平高低有关。考虑这一因素，有利于兼顾保护受害人、惩罚、教育侵害人和消除社会影响诸方面利益。

（5）双方当事人的经济状况，即侵害人经济状况良好可依法多赔；受害人的经济状况不佳可依法多赔。具体赔偿数额应正当、合理、合法，确实起到抚慰受害人，教育、惩罚侵权行为人的作用。

（6）受诉法院所在地平均生活水平，即赔偿数额要切合实际。因我国各地经济、文化发展的情况不同，具体数额亦应有所差别。

（三）禁止非法搜查女性的身体

非法搜查女性身体，是指具有搜查权的机关未办理法定手续，未经法定程序，或没有搜查权的机关、人员对女性身体进行搜查、检查的行为。在我国，拥有搜查权的机关只有公安机关和人民检察院，其他任何机关、团体和个人无权搜查。而且，搜查女性身体必须由女工作人员进行，这是为了对女性权益的特殊保护。

现实生活中，由于有些人法制观念淡漠，出现了一些非法搜查女性身体的情况，例如，超市中保安人员怀疑女性盗窃商品，而对女性身体进行搜查等等都属于非法搜查，侵犯了妇女权益。

我国宪法规定禁止非法搜查公民的身体。妇女权益保障法也规定了禁止非法搜查妇女的身体。对非法搜查女性身体构成犯罪的，依照《刑法》第 245 条规定非法搜查罪追究行为人的刑事责任，处 3 年以下有期徒刑或者拘役。

对非法搜查行为尚未构成犯罪的，被搜查女性该怎么办？对非法搜查行为尚未构成犯罪的，被搜查的女性可以以名誉权受到侵害为由，到人民法院提起民事诉讼，要求恢复名誉、赔礼道歉，并可以要求赔偿损失。

（四）禁止侮辱、诽谤女性

《妇女权益保障法》规定，“妇女的名誉权和人格尊严受法律保护。禁止用侮辱、诽谤、宣扬隐私等方式损害妇女的名誉和人格。”我国《宪法》对公民的人格尊严作了原则规定，“公民的人格尊严不受侵犯。禁止用任何方法对公民进行侮辱、诽谤和诬告陷害。”我国《民法通则》规定，“公民、法人享有名誉权，公民的人格尊严受法律保护，禁止用侮辱、诽谤等方法损害公民、法人的名誉。”我国《刑法》还对侮辱罪、诽谤罪作了规定，“以暴力或者其他方法公然侮辱他人或者捏造事实诽谤他人，情节严重的，处 3 年以下有期徒刑、拘役、管制或者剥夺政治权利。”通过以上这些规定，可以看到妇女名誉权和人格尊严，经《宪法》《民法通则》《妇女权益保障法》《刑法》，从根本大法、基本法到妇女权益的专门法，都给予了极端的重视。

侮辱罪，是指以暴力或者其他方法公然侮辱他人，情节严重的行为。侮辱的方法可以是暴力，也可以是暴力以外的其他方法。“暴力”，是指以强制方法来损害他人人格和名誉，如强迫他人戴高帽游行、当众剥光他人衣服等。这里的暴力，其目的不是指为损害他人的身体健康，如果在实施暴力侮辱的过程中造成他人死亡或者伤害后果的，即构成杀人罪或者故意伤害罪。“其他方法”，是指以语言、文字等暴力以外的方法侮辱他人，如当众嘲笑、辱骂、贴传单或者漫画等来侮辱他人。“公然”侮辱他人，是指当众或者利用能够使多人听到或看到的方式，对他人进行侮辱。侮辱他人的行为，必须是公然进行，如果不是公然，不构成本罪。“他人”，在这里是指特定的人，即侮辱他人的行为必须是明确地针对某特定的人实施，如果不是针对特定的人，而是一般的谩骂等，不构成本罪。本罪是故意犯罪，并有侮辱他人的目的，过失的行为不构成犯罪。

诽谤罪，是指故意捏造事实，公然损害他人人格和名誉，情节严重的行为。“捏造事实”，就是无中生有，凭空制造虚假的事实。诽谤除捏造事实外还要将该捏造的事实进行散播，散播包括使用口头方法和书面方法。捏造事实的行为与散播行为必须同时具备才构成本罪。如果只是捏造事实与个别亲友私下议论，没有散播的，或者散播的是客观事实而不是捏造的虚假事实的，都不构成本罪。本罪是故意犯罪，诽谤行为针对的也必须是特定的人。

根据《刑法》的规定，构成侮辱罪、诽谤罪的行为，都必须是情节严重的行为。这里的“情节严重”，主要是指侮辱、诽谤他人手段恶劣、后果严重或者影响很坏等情况。

犯侮辱罪、诽谤罪的，处3年以下有期徒刑、拘役、管制或者剥夺政治权利。

侮辱罪、诽谤罪属于告诉才处理的犯罪。也就是说，对于侮辱罪、诽谤罪，只有被侮辱人、被诽谤人亲自向人民法院控告的，人民法院才能受理。对于被侮辱人、被诽谤人不控告的，司法机关不能主动受理，追究侮辱、诽谤行为人的刑事责任。但也有例外，一是如果被害人受强制或者威吓而无法告诉的，人民检察院和被害人的近亲属也可以告诉；二是严重危害社会秩序和国家利益的除外。“严重危害社会秩序和国家利益”，主要是指侮辱、诽谤行为造成被害人精神失常或者自杀的；侮辱、诽谤外交使节造成恶劣政治影响的；侮辱、诽谤国家领导人造成恶劣影响的等等。对于这种严重危害社会秩序和国家利益的侮辱、诽谤犯罪行为，可由人民检察院提起公诉。

这两种犯罪所侵犯的客体，都是他人的人格和名誉，不同之处主要在于：①侮辱不是用捏造的方式进行，而诽谤则必须是捏造事实；②侮辱含暴力侮辱行为，而诽谤则不使用暴力手段；③侮辱往往是当着被害人的面进行的，诽谤则是当众或者向第三者散布的。

妇女受到他人侮辱、诽谤后，可以通过以下方式维护自己的权益：

（1）对于侮辱、诽谤行为严重的，构成犯罪的，受害妇女应主动到人民法院去起诉，要求人民法院追究行为人的刑事责任。受害妇女还可以在提起刑事诉讼的同时提起附带民事诉讼，要求被告人赔偿自己因名誉受到损害而遭受的经济损失。

（2）如果侮辱、诽谤行为尚未构成犯罪的，可以要求公安机关依照《治安管理处罚条例》处理。

（3）受害妇女可以向人民法院提起民事诉讼，要求侵权人停止侵害、恢复名誉、消除影响、赔礼道歉，并可以要求赔偿损失。

第二节　女性与性权利

一、女性性权利的含义

女性的性权利指女性依法享有的实施或者不实施性行为的权利，女性独立自主做出任何选择的权利，它包括女性保护自己，抗拒违背自己意愿的性行为的权利，还包括女性依法主动选择性行为的权利。

特别强调，这里的实施或不实施的性行为必须是依法实施的合法行为。对于通奸、重婚、卖淫等行为都是违法行为，要受到法律的制裁。

二、性骚扰的界定与应对

（一）性骚扰的含义

《妇女权益保障法》第 41 条规定：“禁止对妇女实施性骚扰。受害妇女有权向单位和有关机关投诉。”北京、上海、武汉、深圳、江苏省等都出台了地方规定：禁止违背妇女意愿，以含有淫秽色情内容的语言、文字、图片、电子信息、肢体动作等形式对妇女实施性骚扰。受害妇女有权向用人单位和有关部门投诉或者向人民法院起诉。

性骚扰行为有 2 个要素，首先是不受被害人欢迎的，其次是冒犯的、具有性色彩的骚扰行为。性骚扰的方式有：语言、文字、图片、电子信息、肢体动作五种。

（二）对性骚扰的处理

受害妇女有权向用人单位和有关部门（如公安机关）投诉或者向人民法院起诉。

由于认定性骚扰举证难，所以女性在工作中首先要注意自己的行为，做到品行端正，不让对方有实施性骚扰行为的可乘之机。具体做法是：

（1）在工作中，避免穿坦胸露背或超短裙之类的服饰。

（2）尽量避免与男性用户单独相处。与男性打交道，不要突破私人空间。

（3）对于有性骚扰行为的男性，应及时回避或坚决回绝，不可有丝毫的犹豫不决。

（4）当发生性骚扰，尤其是性暴力时，女性可以采取以下措施：

1）明确告诉对方，自己对他的言行非常厌恶，或者明白地表示出来让他停止。如果我们不明确说停止，他就认为我们愿意，那他会得寸进尺。

2）如果突然被对方搂抱，而家里又有其他人，则应大声呼救。让其他人知道他的狰狞面目，我们自己也解围了。如果家里没有其他人，则身体应保持僵硬状态，并竭力挣扎，同时大声语言警告和威胁，一旦松懈，对方则会更加放肆。记住，我们自己没有错，应该理直气壮，根本不用怕对方，因为对方有错，对方心虚，对方正在怕我们怎么着他呢。

3）也可机智周旋，寻找适当时机报警或及时向有关部门求助和投诉。

4）有条件的，可以准备一个微型录音机等设备，录下其言语或用手机照下其非理行为。以后再找一个适当的时间，与他谈谈，告诉他"你对我说的下流话，我都录下来了，你对我做的非礼行为我都拍下来了。如果你痛改前非，我既往不咎，不去控告你。如果你继续冒犯我，我会到公安部门投诉你或到法院告你，这些录音和照片就是性骚扰的有力证据。"

5）受到性伤害后，一定要克服害羞害怕心理，保留证据，及时报警。同时应尽快去医院检查，以防止内伤、怀孕或感染性病等，并及时进行心理咨询、心理治疗，医治精神创伤，学会保护自己。

【案例 2-2】　一起性骚扰案引发的精神损害赔偿官司

案情：

20 岁刚出头的女青年黎某，在距家四公里的工厂上班。2003 年 7 月的一天早晨 6 时许，她像往常一样骑着摩托车去上班。车到空旷之处，一直尾随小黎车后的男青年夏某突然加速与她并行，并开始用不堪入耳的言语挑逗、调戏小黎。小黎严词痛责夏某。夏某见调戏不成，恼羞成怒，伸手摸向小黎的胸部，然后怆惶驾车加速逃离。遭到羞辱的小黎没有忍气吞声，而是勇敢地驾车追赶夏某。在即将追上的瞬间，小黎不慎连人带车摔倒。当日，被送往当地医院住院治疗，诊断为面部外伤、舌体撕裂伤、上下唇撕裂伤等，住院治疗 17 天，先后花费医疗费一万余元。

事发后公安机关对夏某进行了行政拘留，夏某主动赔偿小黎 8000 元。小黎出院后，俏丽的脸庞上已是疤痕累累，精神上受到巨大打击。一怒之下，小黎将夏某告上法庭，要求夏某赔偿医疗费、误工费、护理费、营养费、交通费、今后医疗费及精神损害赔偿费等。

审理中，原告黎某诉称，被告夏某对我实施性骚扰后，严重伤害了我的人格尊严，为使夏某受到法律制裁，我才追上去的，因而我的受伤与夏某有着直接的因果关系；此外，这次受伤在我脸上留下了疤痕，影响面容，精神受到伤害；现除要求被告赔偿我身体上受到的一切损害外，还要求其对我精神受到的伤害予以赔偿。

被告夏某则辩称，小黎的跌伤不是我伸手抚摸行为直接造成的，两者之间不存在因果关系，我不应对原告的受伤承担任何法律责任，况且我已给付原告 8 000 元，再要求我承担赔偿责任显然是没有道理的。

法庭审理后认为，原告黎某在受到性骚扰后实施的追赶侵权人夏某的行为，属于自救行为；被告夏某应对原告黎某自救中的受伤，承担损害赔偿责任；同时，被告夏某还应对性骚扰行为和原告黎某脸部受伤后留下的疤痕承担精神损害赔偿责任；遂依照《中华人民共和国民法通则》和最高人民法院《关于确定民事侵权精神损害赔偿责任若干问题的解释》的有关规定，经法庭调解，被告夏某自愿赔偿原告黎某医疗费、误工费、护理费、营养费、交通费、今后医疗费及精神损害赔偿费等共计 28097 元，并承担各项诉讼费用 1403 元。

点评：

本案的焦点主要有两个，一个是性骚扰事件的侵权人对受害人实施自救行为中的合理受伤应否承担法律责任问题，另一个是受害人脸部留下疤痕能否获得精神损害赔偿。

自救行为，是指合法权益受到侵害的人，依靠自己力量及时恢复或救济权益，以防止其权益今后难以恢复或救济的情况。通常情况下，自救行为须符合以下条件：一是合法权益已经受到侵害，侵害结束至实施自救的间隔一般不长。二是通过正常程序很难恢复或救济受到侵害的合法权益。三是行为的目的是恢复或救济合法权益。四是自救的行为与结果不能超出恢复合法权益的需要。只要同时符合上述四个条件，行为人既可以用强制性的方式实施行为，也可以用不让侵害者知悉的秘密方式实施行为。现实生活中，交通事故发生后，受害人将肇事人强行拦住，防止其逃跑的做法，就是一种典型的自救行为。本案中，被告夏某伸手抚摸原告胸部的行为侵犯了妇女不可侵犯的性权利。《中华人民共和国妇女权益保障法》第 39 条规定："妇女的名誉权和人格尊严受法律保护。禁止用侮辱、诽谤、宣扬隐私等方式损害妇女的名誉和人格。"该法第 52 条同时规定："侵害妇女的合法权益，造成财产损失或者其他损害的，应当依法赔偿或者承担其他民事责任。"对妇女实施性骚扰就是对其人格尊严权的侵害，受害妇女有权对此寻求赔偿救济。从本案来看，原告合法权益受侵害后即开始追赶被告，两者之间的间隔较短；原告如果不追上去拦截被告，将来难以收集证据确定侵权主体，赔偿权利的救济将变得十分困难，且其追赶行为本身并未超出救济合法权益的需要；故应当认定原告的行为是一种自救行为。司法实践中一般认为，受害人除主观上存在故意或重大过失外，其在自救行为中的损害应由侵权人承担责任。本案中，原告的自救行为是被告的性骚扰行为直接导致的，原告对自救中的受伤并不存在故意或重大过失，追赶也是当时情况唯一可采取的合理措施，故被告应对原告追赶中的受伤承担法律责任。

长期以来，人身损害赔偿案件中只有受害人受伤致残时，才给予精神损害赔偿，那么在脸部留下疤痕但未构成残疾的情况下是否给予精神损害赔偿呢？对此问题争议一直很大。最高人民法院《关于确定民事侵权精神损害赔偿责任若干问题的解释》第 1 条规定：

“自然人因下列人格权利遭受非法侵害，向人民法院起诉请求赔偿精神损害的，人民法院应当依法予以受理：①生命权、健康权、身体权；②姓名权、肖像权、名誉权、荣誉权；③人格尊严权、人身自由权。”就本案分析，性骚扰引发的伤害显然侵害了人的身体权，况且疤痕留在一个20岁刚出头的女孩脸上后，在今后的人生道路上给她造成的精神伤害也是常人可以想象的。据此，法院对原告提出的精神损害赔偿给予了明确的支持。当然，本案中单就性骚扰本身而言，原告也可提出精神损害赔偿。当两个精神损害赔偿可在同一件案件中一并提出时，法院不会分别予以支持，而是根据案情，综合考虑后确定一个赔偿数额。

本案的结局对被告而言，教训是极其深刻的，为了所谓的一时“快乐”，他不仅要去蹲班房，而且又要作巨额赔偿，希望夏某和所有有着夏某类似图谋的人都能记取夏某的教训。

本案同时启示人们，性骚扰有一定的掩蔽性，骚扰者又往往与受害者日常接触较多，受害者由于顾及自已的名誉等等，常常不敢与之抗争，造成恶性循环。如果受害者都能像小黎一样勇敢地面对骚扰者，与之进行斗争，害人者就会望而却步，社会将更加安宁。当然，受害者如果在自救中能最大限度地考虑安全因素，那是最好不过的。

思考与讨论

1. 女性享有哪些人身权？
2. 如何防范性骚扰？
3. 案例分析

案例1：女青年杨某在治病期间，同意医院将其与医生的谈话场面及病体拍照。此后，医院多次将这些照片在专家参加的研讨会上向与会者出示。一次该医院为宣传优生优育，举办了为期一个月的“优生优育展览”。展览中选用杨某两幅照片，一幅是杨某和其他患者一道与医生座谈，其中杨某的形象非常丑陋；另一幅是杨某的眼睛部分用布条遮盖的病体裸照。杨某知道上述两事后，非常气愤，向法院提起诉讼，认为医院侵犯了自己的人身权，要求其停止侵害，赔偿损失。

问：(1) 医院的上述行为是否构成对杨某的人身的侵犯？

(2) 杨某可否请求得到法律保护？

解题思路：

本题的考查重点在于侵害名誉权的构成。

法理分析：

从侵害名誉权的构成要件上看，须满足以下几点：

(1) 要有损害后果，一般有以下三个方面：名誉损害，即受害人的社会评价降低；精神损害；财产损失。

(2) 行为的违法性即侮辱和诽谤。

(3) 行为与损害后果之间的因果关系。

(4) 加害人主观的过错，包括故意和过失。

本案中，拍照事前经杨某同意，排除了行为的违法性，且在照片中用布条遮住了眼睛，未给杨某造成名誉损害，不构成侵权。虽然，杨某基于名誉感而觉得气愤，但名誉感觉不列入我国民法的保护对象。

至于本案是否有侵犯肖像权的行为，由于事前杨某同意，且拍照者并非以营利为目的，因此也不能认定构成侵权。

法律适用：

《民法通则意见》第 142 条第 1 款：“以书面、口头等形式宣扬他人的隐私，或者捏造事实公然丑化他人人格，以及用侮辱、诽谤方式损害他人名誉，造成一定影响的，应当认定为侵害公民名誉权的行为。”

《民法通则意见》第 139 条：“以营利为目的，未经公民同意利用其肖像做广告、商标、装饰橱窗等，应当认定为侵犯公民肖像权的行为。”

案例2：2006年10月26日法院网报道：福州市中级人民法院日前对一起私人擅自查询并在境外披露他人银行账户信息案件作出终审判决：银行账户信息属于个人隐私，擅自查询并披露构成隐私权侵害，行为人应赔礼道歉并支付精神抚慰金。

被告李女士是某跨国公司美国分公司集团总裁，该分公司与原告陈女士的姐姐在美国发生诉讼。为获取证据赢得诉讼，李女士向中国某国有商业银行福州支行提交查询申请函，要求查询陈女士在该行的美元账户明细情况。银行工作人员邵某私自打印了陈女士的美元活期存折“账户明细”，并提供给李女士。李女士将这一账户信息呈交美国法庭作为诉讼证据，并在法庭质证。陈女士认为自己的隐私权受到侵害，将李女士告上法庭要求其承担民事责任。

福州市中级人民法院认为，储户银行账户信息属于个人隐私，李女士擅自查询、获取并披露他人账户信息，干扰了他人正常生活，给他人带来一定的精神损害，根据最高人民法院《关于确定民事侵权精神损害赔偿责任若干问题的解释》相关规定，应向陈女士赔礼道歉，并支付精神抚慰金2000元。

请你结合案情谈谈对隐私权的理解。

案例3：女子被人网上发帖侮辱“50元一次”获赔6 000元

《今日安报》2008年2月27日报道：在网上被人以“50元一次”、“觅单身男人”、“寻一夜情”等帖侮辱，并被公布了真实的手机号码，受害人丁女士将发帖人和网通公司告上法庭。记者昨日从郑州市中级人民法院获悉，法院二审维持了原判，依法判决被告任女士书面向原告赔礼道歉，由被告网通公司负责将该道歉书在商都网首页发布，给原告恢复名誉。

被告任女士赔偿原告公证费1000元，交通费200元，精神抚慰金6000元。

网上论坛遭侮辱

家住郑州市的丁女士今年29岁，自2007年7月7日开始，她不断接到他人的骚扰电话和短信。经丁女士再三追问骚扰人员得知，对方是在商都网上看到她的电话的。丁女士进入商都网BBS论坛，发现了对其极具侮辱性的文字，内容大致为“50元一次”、“觅单身男人”、“寻一夜情”等帖，并公布了丁女士的手机号码。

丁女士查询后并报案得知，帖子是一个姓任的女士发出的。警方调查后，对任某的行为作出了公安行政处罚决定书，并给予任某500元的处罚。丁遂要求网通公司立即对有损自己名誉的文字予以删除，但之后仍接到很多骚扰电话和短信。

截至2007年7月15日，丁女士发现，该网站仍没有删除，进一步扩大了对她名誉权的侵害。

索赔精神损失

愤怒的丁女士遂将负有责任的中国网通（集团）有限公司河南省分公司和发帖人任某告上法庭，要求二被告在商都网首页向原告赔礼道歉，恢复名誉，并赔偿原告精神抚慰金2万元，公证费1000元，交通费200元。

网通公司辩称，原告将自己列为被告没有道理，公司本身没有侵权的故意和行为，在这个事情上没有过错，并且公司也配合警方找到了真正的侵权人。丁女士所受的伤害，应有真正的侵权人去承担侵权责任。

被告任某辩称，原告对自己的起诉缺乏事实和法律依据，不予认可。

一审法院审理后认为，任某的行为已对原告构成了诽谤。网通公司对任某的侵权行为，没有及时检查和删除，造成任某的侵权行为延续，对此也应承担相应责任，遂做出上述判决。

双方均上诉

一审判决后，双方均不服，都向郑州市中级法院进行了上诉。其中，原告丁女士以原审未判决网通公司承担连带赔偿责任及精神赔偿数额较低为由向法院提出上诉，请求撤销原审判决，依法改判。

任某也不服一审判决，以原审判决认定其侵权事实成立属证据不足及丁女士的公证费、交通费缺乏法律依据为由，请求撤销原审判决，依法改判。

二审法院审理后认为，公民享有名誉权，公民的人格尊严受法律保护，禁止用侮辱、诽谤等方式损害公民的名誉。任某在网上发布帖子对丁女士已构成诽谤，对此应承担民事责任。由此，给丁女士精神上造成的伤害也应有任某来赔偿。丁女士认为网通公司应承担连带赔偿责任其上诉理由不成立，遂驳回上诉维持原判。

请讨论：本案对我们的启示。

第三章　女性与财产权

【案例3-1】

河南省濮阳市妇联曾在濮阳五县一区选取了6个村，专门开展了一次农村妇女财产权益被侵害的情况调查。调查后发现，6个村中都存在农村妇女财产被侵害的情况，其中尤为突出的是财产继承难和责任田、宅基地得不到落实问题。“嫁出去的闺女，泼出去的水”，女子出嫁后，对父母遗产不应该有继承权。调查表明，许多农村妇女对这种观点予以默认，在财产继承问题上选择了自动放弃。即使有妇女要求依法继承，也难以抵制家族中人的反对。如村民管某是独生女，出嫁后，她尽己所能照料父母。其母去世后，她把自己的户口迁到娘家，与父亲共同生活，以照顾老人。但是父亲去世后，家族一致反对她继承遗产，其堂侄还在原属于她的宅基地上翻盖新屋。

另有谭某诉说，她父亲前些年去世后，母亲没有多久也带着妹妹改嫁了。父亲留下了两个铺面，两栋房子和一些责任田。但村子里的人说，她要年满十八岁才能继承。当时这些房产便由其胞叔管理。2001年，谭小姐终于年满18岁了，决定提出继承房产。但胞叔告诉她，按照当地的风俗，女人是泼出去的水，是没有继承权的，其父亲的遗产只能交由他来处理。

请问：管某和谭某有继承遗产的权利吗？

第一节　女性财产权概说[①]

财产权是法律人格的基础。西方有法谚“无财产即无人格”。经济基础决定上层建筑。财产权的享有及享有程度往往影响甚至决定女性在家庭及社会中的地位。因此，保障女性的财产权利是保护女性权益的重要内容，也是衡量女性权益获得保障程度的重要标准。《中国女性发展纲要（2001—2010年）》中对我国女性发展事业有关经济方面确立的总目标是：“贯彻男女平等的基本国策，推动女性充分参与经济和社会发展，使男女平等在政治、经济、文化、社会和家庭生活等领域进一步得到实现。保障女性获得平等的就业机会和分享经济资源的权利，提高女性的经济地位。”《纲要》第一部分内容即是“女性与经济”。《纲要》提出“女性与经济”的主要目标为保障女性获得经济资源的平等权利和机会，女性与男子平等获得经济权利、共享经济资源和社会发展成果是女性发展的基础条件，并为此提出了一系列国家宏观政策与策略措施。国家的经济和社会发展规划应体现女性发展的主要目标，经济分析和经济结构调整应纳入性别平等观念。制定女性平等参与经济发展的方针政策，提供女性享有与男子平等的参与经济决策的机会和途径，缩小男女在分享经济决策权上的差距，提高女性参与经济决策及管理的水平。确保女性平等获得经济资源和有效服务，主要包括获得资本、信贷、土地、技术、信息等方面的权利。农村女性享有与居住地男子平等的土地承包权、生产经营权、宅基地分配权、土地补偿费、股份分红等权利。改善女性经济状况，进行适当的有利于女性生存发展的专项投资。上述策略措施将有助于更好的保护女性的财产权益，提升我国女性的法律地位。

---

① 考虑到整书的体系，有关女性在婚姻家庭中的财产权问题本章仅简要提及，详细内容将在第四章女性与婚姻家庭权利中具体论述。

一、女性财产权的概念

财产权是指以财产利益为内容，直接体现财产利益的民事权利。女性财产权利是女性享有的以财产利益为内容，直接体现财产利益的民事权利，是以女性为法律关系主体的财产权利。女性作为社会中的平等成员应当享有一般社会成员所应享有的一切应有权利。只是由于历史传统、生理状况等各种原因，女性总体处于弱势地位。为保障女性作为平等社会成员应享有的权利不被侵犯，立法往往会对其做出一些特殊的保护性规定。因此，讨论女性财产权利实际上是从两个意义上而言：一是女性作为一般社会成员所应当享有的财产性权利；二是立法对女性财产权益所做的特殊规定。这些规定中，有些是为保护女性正当权益而做的强调性规定，有些则是专为女性所享有的权利。

二、女性财产权的内容

财产权主要包括物权、债权、继承权以及知识产权中的财产权利等。女性作为一般社会成员所享有的财产权利主要有物权、债权、继承权以及知识产权中的财产性权利。这些权利主要见诸于《民法通则》《中华人民共和国物权法》（以下简称《物权法》）《中华人民共和国合同法》（以下简称《合同法》）《继承法》《知识产权法》及其他相关立法。

（1）物权是指权利人依法对特定的物享有的直接支配并排斥他人干涉的权利。其客体主要为有体物、特定物。物权包括自物权和他物权。自物权，即所有权，是指权利人对自己之物所享有的权利，包括占有、使用、收益、处分四项权能。他物权是指权利人对他人之物所享有的权利。按照权利的内容和目的不同，他物权分为用益物权和担保物权。用益物权是指非所有人对他人之物所享有的占有、使用、收益的排他性的权利。用益物权以实现和发挥物的使用价值为主要目的。我国立法上用益物权主要有土地承包经营权、建设用地使用权、宅基地使用权、地役权、典权、自然资源使用权（包括海域使用权、探矿权、采矿权、取水权，使用水域、滩涂从事养殖、捕捞的权利）等权利。担保物权是指债务人或者第三人将自己所有的财产作为履行债务的担保，当债务人不履行债务时，债权人有权就该财产优先受偿的权利。担保物权以实现和发挥物的交换价值为主要目的。我国立法上的担保物权主要有抵押权、质权和留置权。物权主要规定于《民法通则》《物权法》《中华人民共和国担保法》（以下简称《担保法》）《中华人民共和国土地管理法》（以下简称《土地管理法》）及相关的自然资源法。

（2）债权是民事主体请求他人为一定行为或不为一定行为的权利。债权属于请求权、相对权。与债权相对的为债务，债权债务关系存在于特定的债权人和债务人之间。根据债权发生的原因不同，可将债权分为合同之债、无因管理之债、不当得利之债、缔约过失之债、侵权之债。债权主要规定于《民法通则》《合同法》《中华人民共和国侵权责任法》（以下简称《侵权责任法》）等。

（3）继承权是继承人依法取得被继承人遗产的权利。继承权是基于一定身份关系为前提的财产权。根据我国《继承法》的规定，第一顺序的继承人包括配偶、子女、父母；第二顺序的继承人包括兄弟姐妹、祖父母、外祖父母。有关继承权主要规定于《继承法》。

（4）知识产权是权利主体依据法律的规定，对其从事智力创作或创新活动所产生的知识产品所享有的专有权利，又称为“智力成果权”、“无形财产权”，主要包括专利权、商标权、著作权。其中专利权和商标权有时又合称为工业产权。专利权是发明创造人或其权利受让人对特定的发明创造在一定期限内依法享有的独占实施权，包括发明、实用新型、外观设计三种。商标权是指商标主管机关依法授予商标所有权人对其注册商标享有的专有权。著作权是指自然人、法人或者其他组织对文学、艺术或科学作品依法享有的财产权利和人身权利的总称。知识产权是综合性的权利，既有人身方面的权利，也有财产性权利。前者如作者在其作品上署名的权利，或对其作品的发表权、修改权等；后者是指智力成果被法律承认以后，权利人可利用这些智力成果取得报酬或者得到奖励的权利，如专利实施许可权、商标使用权、作品的出版权等。

以上各种权利是女性作为一般社会成员应当与其他的社会成员平等享有的财产权利。另外，基于女性在社会生活中的不同身份，如作为配偶、女儿、儿媳、母亲、集体组织成员等不同身份，女性享有一系列与此相应的财产权利。这些权利主要规定于《婚姻法》《继承法》《农村土地承包法》以及《女性权益保障法》等法律规范中。这些规定有些是为女性创设的新权利，而有些则是为了突出保护女性权益，而对女性作为一般社会成员应当具有的权利进行的强调性的规定。《婚姻法》《继承法》《土地承包法》等立法中就有关女性财产权益作了特殊规定，《女性权益保障法》就女性的财产权作了综合性规定。

《女性权益保障法》第五章“财产权益”专门规定女性财产权利，主要内容包括以下几个方面：①国家保障女性享有与男子平等的财产权利。在婚姻、家庭共有财产关系中，不得侵害女性依法享有的权益。②女性在农村土地承包经营、集体经济组织收益分配、土地征收或者征用补偿费使用以及宅基地使用等方面，享有与男子平等的权利。③任何组织和个人不得以女性未婚、结婚、离婚、丧偶等为由，侵害女性在农村集体经济组织中的各项权益。因结婚男方到女方住所落户的，男方和子女享有与所在地农村集体经济组织成员平等的权益。④女性享有的与男子平等的财产继承权受法律保护。在同一顺序法定继承人中，不得歧视女性。丧偶女性有权处分继承的财产，任何人不得干涉。⑤丧偶女性对公、婆尽了主要赡养义务的，作为公、婆的第一顺序法定继承人，其继承权不受子女代位继承的影响。

第二节　女性与继承权

一、继承权概述

继承权是指继承人依照法律规定或遗嘱指定而取得被继承人遗产的权利。作为一项基于特定身份而享有的财产权，继承权是公民财产权的重要组成部分。《宪法》第 13 条第 2 款规定："国家依照法律规定保护公民的私有财产权和继承权。"

继承分为遗嘱继承和法定继承两种方式。遗嘱继承是指继承开始后，按照被继承人所立的合法有效遗嘱继承被继承人遗产的继承制度。若遗嘱中指明女性为继承人，只要遗嘱真实合法有效，任何人都不得剥夺女性的继承权利。法定继承是在没有遗嘱或遗嘱无效的情况下，依照法律直接规定的继承人范围、继承顺序、继承份额及遗产的分配原则继承被继承人遗产的继承制度。

依据我国《继承法》第 10 条的规定，法定继承中，遗产按照下列顺序继承：

第一顺序：配偶、子女、父母；第二顺序：兄弟姐妹、祖父母、外祖父母。丧偶儿媳对公、婆，丧偶女婿对岳父、岳母，尽了主要赡养义务的，作为第一顺序继承人。

继承开始后，由第一顺序继承人继承，第二顺序继承人不继承。没有第一顺序继承人继承的，由第二顺序继承人继承。《继承法》所说的子女，包括婚生子女、非婚生子女、养子女和有扶养关系的继子女。《继承法》所说的父母，包括生父母、养父母和有扶养关系的继父母。继子女继承了继父母遗产的，不影响其继承生父母的遗产。继父母继承了继子女遗产的，不影响其继承生子女的遗产。《继承法》所说的兄弟姐妹，包括同父同母的兄弟姐妹、同父异母或者同母异父的兄弟姐妹、养兄弟姐妹、有扶养关系的继兄弟姐妹。被继承人的子女先于被继承人死亡的，由被继承人的子女的晚辈直系血亲代位继承。代位继承人一般只能继承被继承人的子女有权继承的遗产份额。

自然人以遗嘱的方式将其个人财产赠与国家、集体或者法定继承人以外的人，而于其死亡后发生效力的行为，称为遗赠。除此之外，自然人还可与扶养人之间订立关于扶养人扶养受扶养人，受扶养人将财产遗赠给扶养人的遗赠扶养协议。继承开始后，在存有遗赠扶养协议的情况下，应首先按照遗赠扶养协议办理。没有遗赠扶养协议时，有遗嘱的，按照遗嘱或遗赠办理。没有遗嘱或遗嘱无效以及有下列情形之一的，遗产中的有关部分按照法定继承办理：①遗嘱继承人放弃继承或者受遗赠人放弃受遗赠的；②遗嘱继承人丧失继承权的；③遗嘱继承人、受遗赠人先于遗嘱人死亡的；④遗嘱无效部分所涉及的遗产；⑤遗嘱未处分的遗产。

遗产是公民死亡时遗留的个人合法财产，遗产范围包括：①公民的收入；②公民的房屋、储蓄和生活用品；③公民的林木、牲畜和家禽；④公民的文物、图书资料；⑤法律允许公民所有的生产资料；⑥公民的著作权、专利权中的财产权利；⑦公民的其他合法财产，如有价证券和履行标的为财物的债权等。个人承包应得的个人收益，依法继承。个人承包，依照法律允许由继承人继续承包的，按照承包合同办理。承包人死亡时尚未取得承包收益的，可把死者生前对承包所投入的资金和所付出的劳动及其增值和孳息，由发包单位或者接续承包合同的人合理折价、补偿，其价额作为遗产。夫妻在婚姻关系存续期间所得的共同所有的财产，除有约定的以外，如果分割遗产，应当先将共同所有的财产的一半分出为配偶所有，其余的为被继承人的遗产。遗产在家庭共有财产之中的，遗产分割时，应当先分出其他家庭成员的财产。

就继承份额来说，同一顺序继承人继承遗产的份额一般应当均等。对生活有特殊困难的缺乏劳动能力的继承人，分配遗产时，应当予以照顾。对被继承人尽了主要扶养义务或者与被继承人共同生活的继承人，分配遗产时，可以多分。有扶养能力和有扶养条件的继承人虽然与被继承人共同生活，但对需要扶养的被继承人不尽扶养义务，分配遗产时，可以不分或者少分。有扶养能力和有扶养条件的继承人，不尽扶养义务的，分配遗产时，应当不分或者少分。对继承人以外的依靠被继承人扶养的缺乏劳动能力又没有生活来源的人，或者继承人以外的对被继承人扶养较多的人，可以分给他们适当的遗产。继承人应当本着互谅互让、和睦团结的精神，协商处理继承问题。遗产分割的时间、办法和份额，由继承人协商确定。协商不成的，可以由人民调解委员会调解或者向人民法院提起诉讼。但遗产分割时，应当保留胎儿的遗产份额。应当为胎儿保留的遗产份额没有保留的应从继承人所继承的遗产中扣回。为胎儿保留的遗产份额，如胎儿出生后死亡的，由其继承人继承；如胎儿出生时就是死体的，由被继承人的继承人继承。

继承权的丧失又称继承权的剥夺，是指依照法律规定在发生法定事由时取消继承人继承被继承人遗产的权利。根据《继承法》的规定，继承人有下列行为之一的，丧失继承权：①故意杀害被继承人的；②为争夺遗产而杀害其他继承人的；③遗弃被继承人的，或者虐待被继承人情节严重的；④伪造、篡改或者销毁遗嘱，情节严重的。

二、女性继承权的特别规定

男女享有平等的继承权。《女性权益保障法》第 34 条规定："女性享有的与男子平等的财产继承权受法律保护。在同一顺序法定继承人中，不得歧视女性。丧偶女性有权处分继承的财产，任何人不得干涉。"遗嘱继承中，在遗嘱真实合法有效的情况下，任何人不得剥夺、侵害女性的继承权。法定继承中，同一顺位的法定继承人既有女性又有男性，此时，不得剥夺、限制、歧视女性所享有的继承权，不得无故对女性不分或少分遗产。

在继承人的顺位上，如果丧偶女性对公、婆尽了主要赡养义务的，作为第一顺序继承人，并且其继承权不受子女代位继承的影响。即丧偶女性对公、婆尽了主要赡养义务的，不仅其子女可以代位继承人的身份参与被继承人遗产的继承，其自身亦有权作为第一顺位的继承人与公或婆的配偶、父母、子女处于相同的顺序参加继承。此项规定是《继承法》为了贯彻养老育幼原则的体现，任何人不得剥夺丧偶女性据此享有的继承权利。

《继承法》体现保护女性权益和育幼原则的另一个规定是有关遗腹子的必留份额问题。丧偶已属不幸，对怀孕女性而言更是如此。女性不仅要承受精神上的痛苦，孩子出生后，更要承受经济上的沉重负担。因此，为了保护怀孕女性的权益，更是为了保护未成年人的利益，《继承法》第28条规定："遗产分割时，应当保留胎儿的继承份额。胎儿出生时是死体的，保留的份额按照法定继承办理。"这被称为遗腹子的必留份额。这一规定属于法律的强制性规定，在分割遗产时，其他继承人不得侵害。即使在被继承人留有遗嘱中，没有为胎儿预留，将来分割遗产时，也要从其他继承人的份额中按比例预留。

根据最高人民法院《关于贯彻执行＜中华人民共和国继承法＞若干问题的意见》第45条的规定，应当为胎儿保留的遗产份额没有保留的应从继承人所继承的遗产中扣回。对该份额的处理，可能有三种结果：

(1) 若将来胎儿出生后是活的，该份额即属该婴儿（胎儿出生后应称为婴儿）所有，具体由其母亲或其他法定代理人进行监护管理；

(2) 若胎儿出生时就是死体的，即死胎，该份额应按照法定继承，由被继承人的继承人继承；

(3) 若胎儿出生后是活的，后来又去世的，即夭折，此时产生了一个以该婴儿为被继承人的新的继承关系，该份额应由其法定继承人继承，而此时只有该婴儿的母亲为唯一的法定继承人，所以，该份额实际上最终归其母亲所有。

需要注意的是，为遗腹子预留份额属于法律的特殊规定，而不宜称为遗腹子的继承权。因为继承权属于民事权利，享有民事权利以具有民事权利能力为前提。根据我国法律的规定，公民的民事权利能力始于出生，终于死亡。遗腹子即胎儿因为没有出生，依法不享有民事权利能力，也就不享有继承权。

另外，根据最高人民法院《关于适用（中华人民共和国婚姻法）若干问题的解释（一）》第 6 条规定，未按《婚姻法》第 8 条规定办理结婚登记而以夫妻名义共同生活的男女，一方死亡，另一方以配偶身份主张享有继承权的，按照本解释第 5 条的原则处理。即 1994 年 2 月 1 日民政部《婚姻登记管理条例》（该条例被 2003 年国务院公布的《婚姻登记条例》取代）公布实施以前，男女双方已经符合结婚实质要件的，按事实婚姻处理，双方互为继承人。1994 年 2 月 1 日民政部《婚姻登记管理条例》公布实施以后，男女双方符合结婚实质要件的，人民法院应当告知其在案件受理前补办结婚登记；未补办结婚登记的，按解除同居关系处理，双方互不享有继承权。

第三节　女性与土地承包经营权和宅基地使用权

土地是农民最重要的生产资料，尤其是在我国这样一个农业国家。在农村，围绕土地的权利主要有两个：一个是以农业经营为目的的土地承包经营权；另一个是以保障居住为目的的宅基地使用权。土地承包经营权属于最重要的生产资料，宅基地使用权则属于最重要的生活资料。二者也是农村女性重要的财产权利，在很大程度上决定和影响着农村女性的社会地位。《中国女性发展纲要（2001—2010 年）》提出，"要确保女性平等获得经济资源和有效服务。主要包括获得资本、信贷、土地、技术、信息等方面的权利；农村女性享有与居住地男子平等的土地承包权、生产经营权、宅基地分配权、土地补偿费、股份分红等权利。保障农村女性的土地承包经营权和宅基地使用权是我国女性事业发展的重要目标。”

一、女性与土地承包经营权

(一) 土地承包经营权概述

土地承包经营权是指农村集体组织成员及其他民事主体对国家或者集体所有的土地，依照合同的规定对其依法承包的土地享有占有、使用、收益和一定处分的权利。土地承包经营权主要以种植、养殖、畜牧等农业为目的。土地承包经营权的主要特征有：

(1) 土地承包经营权是存在于集体所有或国家所有的土地或森林、山岭、草原、荒地、滩涂、水面的权利。

(2) 土地承包经营权是承包使用、收益集体所有或国家所有的土地或森林、山岭、草原、荒地、滩涂、水面的权利。

(3) 土地承包经营权是为种植业、林业、畜牧业、渔业生产或其他生产经营项目而承包使用、收益集体所有或国家所有的土地等生产资料的权利。这里的种植不仅是指种植粮食、棉花、油料等作物，也包括树木、茶叶、蔬菜等。另外，在承包的土地或森林、山岭、草原、荒地、滩涂、水面经营林业、牧业、渔业等，都属承包经营权的范围。

(4) 土地承包经营权是有一定期限的权利。根据《农村土地承包法》第20条和《物权法》第126条的规定，耕地的承包期为30年，草地的承包期为30年至50年，林地的承包期为30年至70年；特殊林木的林地承包期，经国务院林业行政主管部门批准可以延长。上述规定的承包期届满，由土地承包经营权人按照国家有关规定可以继续承包。

根据《农村土地承包法》第3条第2款的规定：“农村土地承包采取农村集体经济组织内部的家庭承包方式，不宜采取家庭承包方式的荒山、荒沟、荒丘、荒滩等农村土地，可以采取招标、拍卖、公开协商等方式承包。”因此农村土地承包有两种方式：一种是家庭承包；另一种是家庭承包以外的其他承包方式。二者的区别是，前者的承包方一般只能是本集体经济组织成员，承包对象是“四荒”土地以外的土地，一般是无偿的；后者的承包方可以是本集体经济组织以外的人，承包对象是不宜采取家庭承包方式的荒山、荒沟、荒丘、荒滩等农村土地，主要通过招标、拍卖、公开协商等方式承包，一般是有偿的。

土地承包经营合同的双方主体为发包方和承包方。农民集体所有的土地依法属于村农民集体所有的，由村集体经济组织或者村民委员会发包；已经分别属于村内两个以上农村集体经济组织的农民集体所有的，由村内各该农村集体经济组织或者村民小组发包。村集体经济组织或者村民委员会发包的，不得改变村内各集体经济组织农民集体所有的土地的所有权。国家所有依法由农民集体使用的农村土地，由使用该土地的农村集体经济组织、村民委员会或者村民小组发包。发包方享有下列权利：①发包本集体所有的或者国家所有依法由本集体使用的农村土地；②监督承包方依照承包合同约定的用途合理利用和保护土地；③制止承包方损害承包地和农业资源的行为；④法律、行政法规规定的其他权利。同时，根据《农村土地承包法》的规定，发包方主要承担下列义务：①维护承包方的土地承包经营权，不得非法变更、解除承包合同；②尊重承包方的生产经营自主权，不得干涉承包方依法进行正常的生产经营活动；③依照承包合同约定为承包方提供生产、技术、信息等服务；④执行县、乡（镇）土地利用总体规划，组织本集体经济组织内的农业基础设施建设；⑤法律、行政法规规定的其他义务。

土地承包经营合同的另一方主体为承包方。“四荒”土地的承包方可以是本集体经济组织以外的人，但是，根据《土地管理法》第 15 条和《农村土地承包法》第 47 条和第 48 条的规定，发包方将农村土地发包给本集体经济组织以外的单位或者个人承包，应当事先经本集体经济组织成员的村民会议 2/3 以上成员或者 2/3 以上村民代表的同意，并报乡（镇）人民政府批准。由本集体经济组织以外的单位或者个人承包的，应当对承包方的资信情况和经营能力进行审查后，再签订承包合同。并且在同等条件下，本集体经济组织成员享有优先承包权。

承包方作为土地承包经营权的拥有者，享有下列权利：①依法享有承包地使用、收益和土地承包经营权流转的权利，有权自主组织生产经营和处置产品；②承包地被依法征用、占用的，有权依法获得相应的补偿；③法律、行政法规规定的其他权利。同时承包方承担下列义务：①维持土地的农业用途，不得用于非农建设；②依法保护和合理利用土地，不得给土地造成永久性损害；③法律、行政法规规定的其他义务。

为稳定农村土地经营承包关系，《农村土地承包法》规定，承包期内，发包方不得收回承包地。承包期内，承包方全家迁入小城镇落户的，应当按照承包方的意愿，保留其土地承包经营权或者允许其依法进行土地承包经营权流转。若承包期内，承包方全家迁入设区的市，转为非农业户口的，应当将承包的耕地和草地交回发包方。承包方不交回的，发包方可以收回承包的耕地和草地。承包期内，承包方家庭成员全部死亡的，发包方依法收回承包地。承包人应得的承包收益，依照继承法的规定继承。林地承包的承包人死亡，其继承人可以在承包期内继续承包。土地承包经营权通过招标、拍卖、公开协商等方式取得的，该承包人死亡，其应得的承包收益，依照继承法的规定继承；在承包期内，其继承人可以继续承包。承包期内，承包方交回承包地或者发包方依法收回承包地时，承包方对其在承包地上投入而提高土地生产能力的，有权获得相应的补偿。承包期内，承包方也可以自愿将承包地交回发包方。承包方自愿交回承包地的，应当提前半年以书面形式通知发包方。但承包方在承包期内交回承包地的，在承包期内不得再要求承包土地。承包期内，发包方不得单方面解除承包合同，不得假借少数服从多数强迫承包方放弃或者变更土地承包经营权，不得以划分“口粮田”和“责任田”等为由收回承包地搞招标承包，不得将承包地收回抵顶欠款。承包期内，发包方不得调整承包地。若承包期内，因自然灾害严重毁损承包地等特殊情形对个别农户之间承包的耕地和草地需要适当调整的，必须经本集体经济组织成员的村民会议 2/3 以上成员或者 2/3 以上村民代表的同意，并报乡（镇）人民政府和县级人民政府农业等行政主管部门批准。承包合同中约定不得调整的，按照其约定。根据《农村土地承包法》的规定，下列土地应当用于调整承包土地或者承包给新增人口：①集体经济组织依法预留的机动地；②通过依法开垦等方式增加的；③承包方依法、自愿交回的。根据《农村土地承包法》第 63 条的规定，《农村土地承包法》实施前已经预留机动地的，机动地面积不得超过本集体经济组织耕地总面积的 5％。不足 5％的，不得再增加机动地。《农村土地承包法》实施前未留机动地的，实施后不得再留机动地。

土地承包经营权可以通过法定的方式进行流转。其中通过家庭承包取得的土地承包经营权可以依法采取转包、出租、互换、转让或者其他方式流转。而通过招标、拍卖、公开协商等方式承包农村土地，经依法登记取得土地承包经营权证或者林权证等证书的，其土地承包经营权可以依法采取转让、出租、入股、抵押或者其他方式流转。可以看出，两种承包方式获得的土地承包经营权的流转方式是不同的，以其他承包方式获得“四荒”土地承包经营权的流转权限是比较大的，可以采取入股、抵押等方式，而这些是家庭承包方式获得的土地承包经营权所不允许的。

（二）女性土地承包经营权的特殊规定

男女平等原则是我国在各种社会制度、法律制度中都要坚持的基本国策。上述有关土地承包经营权的规定同样平等地适用于女性。但为了更加明确地保护女性的土地承包经营权，在各个有关立法中都对女性的相关权利进行了重复性和强调性的规定，这也是我国立法在关注弱势群体时的特点。但是尽管如此，现实中还是存在大量侵害女性土地承包经营权的情形，尤其是婚姻关系发生变化的女性，如待嫁女、出嫁女、离婚和丧偶女性的权益，主要表现有：①以村民代表会议或村民大会决议、村委会决定或乡规民约的形式，剥夺女性的土地承包权和集体经济组织收益分配权；②对未婚女性不分土地或少分土地；③强行迁出出嫁女性特别是离婚丧偶女性的户口，并强行收回承包的土地；④对上门女婿不分或少分土地，甚至连女方的土地也要被收回；⑤在土地的增值、征用和村民福利分配上，对出嫁女、离婚丧偶女性及其子女不分或少分。安徽桐城5名出嫁女土地权益纠纷案即属于现实中存在的村委会侵犯出嫁女土地权益的典型案件。该案折射出我国有关女性权益保护在立法和制度、观念和意识、社会保障制度等方面的不足。

实际上在我国的各项、各级立法中有很多保护女性土地承包经营权的规定。《女性权益保障法》第32条规定："女性在农村土地承包经营、集体经济组织收益分配、土地征收或者征用补偿费使用以及宅基地使用等方面，享有与男子平等的权利。"第33条明确规定："任何组织和个人不得以女性未婚、结婚、离婚、丧偶等为由，侵害女性在农村集体经济组织中的各项权益。因结婚男方到女方住所落户的，男方和子女享有与所在地农村集体经济组织成员平等的权益。"《农村土地承包法》第30条规定："承包期内，女性结婚，在新居住地未取得承包地的，发包方不得收回其原承包地；女性离婚或者丧偶，仍在原居住地生活或者不在原居住地生活但在新居住地未取得承包地的，发包方不得收回其原承包地。"第54条规定："剥夺、侵害女性依法享有的土地承包经营权的，发包方应当承担停止侵害、返还原物、恢复原状、排除妨害、消除危险、赔偿损失等民事责任。"

根据我国上述立法，未婚女性与男子平等的享有土地承包经营权；出嫁女在新居住地未取得承包地的，发包方不得收回其原承包地；女性离婚或者丧偶，仍在原居住地生活或者不在原居住地生活但在新居住地未取得承包地的，发包方不得收回其原承包地。对上述女性的土地承包经营权，农村集体经济组织不得以任何理由进行侵害，否则应当承担停止侵害、返还原物、恢复原状、排除妨害、消除危险、赔偿损失等民事责任。

农村女性的土地承包经营权常常受到侵害，这也与我国《农村土地承包法》中承包主体不明确有关。《农村土地承包法》中规定，土地承包是以户为单位。而我国传统中的“户”往往是以男性为主体确立起来的。当原来作为一户成员的女性出嫁、离婚、改嫁、丧偶后，由于其本身在家庭中的地位，往往导致“人走而地不走”的情形，从而使得女性的土地承包经营权受到侵害。因此，有效保障女性的土地承包经营权，除了应当提高广大农村社会成员对女性权益保护的认识，还要在制度层面和法律层面上进行具体完善，如明确农村女性作为土地承包权的主体资格，通过土地承包经营权的物权登记促进承包权的明晰，明确女性在家庭承包权中的共有地位及其分割制度等。

二、女性与宅基地使用权

（一）宅基地使用权概述

宅基地是农村的农户或个人用作住宅基地而占有、使用本集体所有的土地。宅基地的所有权属于农村集体经济组织。宅基地的使用权是以利用该土地建造住宅及其附属设施为目的的，属于传统民法上的地上权。地上权是指利用他人土地营造建筑物、其他工作物及竹木并对其营造的建筑物、其他工作物及竹木取得所有权的用益物权。作为传统民法的地上权在我国《物权法》上主要演化成两项权利，即建设用地使用权和宅基地使用权。其中，建设用地使用权是因建筑物或其他工作物而使用国家所有的土地的权利，即其设立对象是国有土地。在集体土地上进行住宅目的以外的建设的，如建造村办企业厂房、集体公益设施等，一般称之为集体建设用地使用权。宅基地则是农村集体经济组织为保障农户生活需要而拨给农户建造房屋及小庭院使用的土地，用于建造住房、辅助用房（厨房、仓库、厕所)、庭院、沼气池、禽兽舍、柴草堆放等。集体建设用地使用权和宅基地使用权都是以集体土地作为设立对象。宅基地使用权属于我国《物权法》明确规定的一种用益物权，其以对集体土地的占有、使用、收益主要目的。

我国立法没有规定宅基地的使用期限。但根据《土地管理法》第65条的规定，有下列情形之一的，农村集体经济组织报经原批准用地的人民政府批准，可以收回土地使用权：①为乡（镇）村公共设施和公益事业建设，需要使用土地的；②不按照批准的用途使用土地的；③因撤销、迁移等原因而停止使用土地的。依照前款第①项规定收回农民集体所有的土地的，对土地使用权人应当给予适当补偿。另外，根据《物权法》第154条的规定，宅基地因自然灾害等原因灭失的，宅基地使用权消灭。对失去宅基地的村民，应当重新分配宅基地。

（二）农村女性宅基地使用权的问题

因受传统观念的影响，农村女性的宅基地使用权时常会受到侵害，尤其是离婚女性或丧偶女性的宅基地使用权尤其容易受到侵害。《女性权益保障法》第32条规定："女性在农村土地承包经营、集体经济组织收益分配、土地征收或者征用补偿费使用以及宅基地使用等方面，享有与男子平等的权利。"第33条规定："任何组织和个人不得以女性未婚、结婚、离婚、丧偶等为由，侵害女性在农村集体经济组织中的各项权益。"

因此，女性在宅基地使用权方面与男子享有平等权利。未婚女性一般与父母同宅，不存在申请宅基地的问题。女性出嫁并成为所在集体经济组织一员后，有权享有在该集体经济组织的宅基地使用权。该女性在离婚或丧偶后，同样享有在该集体经济组织的宅基地使用权。在分家或分割遗产时都应当注意保护女性合法的宅基地使用权，任何人不得以任何理由剥夺。在房屋拆迁中，女性也有权获得与男子相同的拆迁补偿。

思考与讨论

1. 根据我国《继承法》的规定，第一顺序、第二顺序的法定继承人范围如何？

2. 继承权丧失的情形有哪些？

3. 如何完善对我国农村女性土地承包经营权、宅基地使用权的保护？

4. 案例分析：

案例 1：周某（女性）父亲早亡，2008 年 11 月，其母亲去世，留有房产一处。周某还有一个哥哥，一个弟弟。哥哥也先其母亲过世，留有一女已经成年。父母均未留下遗嘱。弟弟认为，大哥早逝，自己是家庭唯一的男丁，姐姐已经出嫁多年，依据传统，家庭财产传男不传女，女儿没有继承权，晚辈侄女更没有继承权，因此应该由自己一人继承父母留下的房产。周某不同意，认为虽然是女儿，但是在父亲和母亲的晚年，周某承担了赡养老人的义务，应该继承财产。侄女由于其父亲已经死亡，并且没有照顾被继承人，也没有继承权，房产理应由她一人继承。

请分析此案件的继承权问题。

分析参考：

本案争议的关键是继承的主体问题，是传统继承理念与现实法律的冲突。依据法律规定，父母，子女，配偶同属于第一顺位的继承人，继承权是平等的。若继承人先于被继承人死亡，其晚辈直系亲属可以代位继承。因此，依据继承法的规定，本案中有三位继承人，即周某、弟弟和他们的侄女，并且他们之间的权利是平等的。

另外，考虑到周某在父母晚年承担了赡养义务，房产可由周某继承，并由其给予弟弟和侄女一定经济补偿。

案例 2：广西壮族自治区桂林市七星区朝阳街竹桥村的“出嫁女”黄付发状告村委会，称村委会通过的一项决定侵犯了自己的合法权利。2004 年至 2005 年，因国家征用土地，竹桥村获得了一笔土地补偿金，村委会以“村民集体讨论”的方式通过了这笔土地补偿金的分配方案，即每位村民可分得补偿金 2.8 万元，但黄付发及儿子冯斌、女儿冯娟却未在其列，理由是“黄付发已嫁到外村”。而黄则认为自己虽嫁，但三人一直在村里居住，户口也一直在村里，并在村里分有承包责任田，履行了村民义务，理应同样获得土地补偿金。为此，2005 年 12 月 5 日，黄付发向七星区人民法院提起民事诉讼，状告竹桥村侵权。

讨论：法院是否会支持黄付发的诉请理由？

分析参考：

《妇女权益保护法》第 32 条规定：“妇女在农村土地承包经营、集体经济组织收益分配、土地征收或者征用补偿使用以及宅基地使用等方面享有与男子平等的权利。”该法第 33 条还着重指出：“任何组织和个人不得以妇女未婚、结婚、离婚、丧偶等为由，侵害妇女在农村集体经济组织中的各项权益。”

同时，《农民土地权益维护法》第四章在土地征收里面也作出了规定：“出嫁女未过户的同样能够享受原所在的农村集体组织的征地补偿费的分配。”条文中指出：与农村村民结婚的“嫁农女”无论她的户口是否已经从原籍迁到男方所在的集体经济组织落户，只要她们未在男方所在村、组享有承包及其土地权益的，则她们原籍所在的村、组应保证其原有的土地权益，并且在征地时，保证“嫁农女”与该村、组的其他成员平等享有分配征地补偿款的权利。

实践中，七星区法院公开审理了此案，认为黄付发诉请的理由成立，予以支持，被告竹桥村补发给原告黄付发、冯斌、冯娟土地补偿费各 2. 8 万元，合计应补发 8. 4 万元。桂林市中级人民法院二审维持了一审判决，“嫁农女”胜诉。

第四章　女性与婚姻家庭权利

【案例 4－1】

案情一："丈夫总把我关在家里，该怎么办？"

案情二：2011 年 11 月 15 日，备受媒体关注的"李阳家庭暴力离婚案"在北京朝阳区法院开庭审理，李阳和妻子 Kim 都亲自出庭应诉。此前 Kim 在微博贴出遭遇家庭暴力的受伤照片，李阳承认家庭暴力，Kim 此后提出离婚诉讼，要求自己抚养三个孩子，并分割夫妻共同财产。

问：女性在婚姻家庭中有哪些权利？这些权利受到侵害，女性该怎么办？

第一节　女性婚姻家庭权利概说

一、婚姻家庭的含义

婚姻是指由法律所确认的男女两性的结合以及由此而产生的夫妻关系。它是家庭形成的必要条件。

家庭是指在婚姻关系，血缘关系或法律拟制血缘关系基础上产生的，由亲属之间所构成的社会生活单位。它是社会的重要组成部分。

婚姻家庭关系是特定的人与人之间的社会关系，即以男女两性和亲属间的血缘联系为其自然条件的社会关系。婚姻家庭关系具有双重属性，即社会性和自然性。

1. 婚姻家庭的自然属性

婚姻家庭的自然属性，是指婚姻家庭赖以形成的自然条件和婚姻家庭所包含的自然规律。它体现了生物学、生理学规律在人类婚姻家庭方面的作用，具体表现在以下方面：

（1）男女两性的生理差别和人类的性本能，构成婚姻中男女结合的生理学基础。

（2）通过生育而实现种的繁衍，家庭中父母子女、兄弟姐妹等亲属网络的血缘关系和基因遗传，构成家庭的生物学上的特征。

2. 婚姻家庭的社会属性

婚姻家庭的社会属性，是指社会制度赋予婚姻家庭的本质属性。在本质上婚姻家庭是人与人之间一种特殊的社会关系。马克思指出，人的本质并不是单个人所固有的抽象物，实际上，它是一切社会关系的总和，是出于社会生产和生活的客观需要而形成的。婚姻家庭中的物质社会关系和思想社会关系，是同一定的经济基础和上层建筑意识形态相适应的。具体表现在以下方面：

（1）婚姻家庭关系是一种社会关系，它的产生、形成和发展变化，取决于社会生产关系。人类自从脱离动物界以来，就以社会一员的身份从事物质资料的生产和人口的再生产，并且在这两种生产的过程中，发生了包括婚姻家庭在内的社会关系。同时，社会生产关系又决定着婚姻家庭形态。伴随生产力的发展，人类从社会之初的杂乱性关系逐步递进至高级形态，最终产生了一夫一妻制家庭。

（2）婚姻家庭关系受到上层建筑诸因素的制约和影响。婚姻家庭关系是一种社会关系，它和社会的上层建筑，如政治、法律、道德、文艺、宗教、风俗习惯等都有密切联系。在阶级社会中，政治制度最集中地反映了经济基础的性质和要求，统治者必然通过法律来维护符合其阶级利益的婚姻家庭制度。道德、宗教和风俗习惯、文学艺术等，也通过不同的途径对婚姻家庭起着重要作用。它们依靠社会舆论、人们的信仰、传统或教育等力量，去判断是非、善恶，从而调整人与人之间的婚姻家庭关系。

婚姻家庭的本质只能决定于它的社会属性，自然属性只是婚姻家庭的特点和前提条件。我们不能夸大自然属性对婚姻家庭的作用，也不能将自然属性和社会属性并列为同等地位。两性结合和血缘联系是普遍存在于一切高等或较高等的动物之中的，而婚姻家庭却是人类特有的社会现象。社会属性是人类的根本属性，婚姻家庭关系依存于一定的社会结构，具有一定的社会内容。婚姻家庭的起源、性质及其发展变化，只能从社会制度和社会物质生活条件中，找到正确的答案。

二、女性婚姻家庭权利

女性婚姻家庭权利是指女性在婚姻家庭关系中依法享有的权利。与男性平等的婚姻家庭权利是宪法规定的男女平等原则的体现。

婚姻家庭的稳定是社会稳定的基础，女性婚姻家庭权利的保障则是维护婚姻家庭稳定、促进家庭文明的前提和保证。妇女婚姻家庭权利的实现是女性自身发展与提高、婚姻家庭的和睦与稳定、社会文明与进步的重要基础。

我国《宪法》《民法通则》《婚姻法》《妇女权益保障法》赋予了女性在婚姻家庭中与男性平等的权利。

第二节 女性婚姻家庭中的人身权

一、女性的婚姻自由权

婚姻自由，是指公民有权按照法律的规定，完全自愿地决定自己的婚姻问题，不受任何人的强制和干涉。我国《宪法》第49条规定："禁止破坏婚姻自由。"《民法通则》第103条也规定："公民享有婚姻自由权。"《婚姻法》第2条也确立了婚姻自由原则。按照这一原则，公民的婚姻自由权受法律的保障。

女性的婚姻自由权是指女性有权依法决定自己的婚姻问题，不受任何人干涉。

广义的婚姻自由包括恋爱自由、结婚离婚自由、同居自由、性取向自由。女性的婚姻自由权也是全面的、多方位的，我们的法律理论也在接受多元化理论。

狭义的婚姻自由包括结婚自由和离婚自由。结婚自由主要有两个内容：第一，结婚必须男女双方完全自愿且意思表示真实，不容许任何一方对他方进行强迫、欺骗、乘人之危或任何第三者加以包办及非法干涉。第二，结婚必须符合法律规定的条件和程序。离婚自由亦有两方面的内容：第一，夫妻双方有共同作出离婚决定、达成离婚协议的权利；或者在夫妻感情确已破裂、婚姻关系无法继续维持下去的情况下，夫妻任何一方都有提出离婚的诉讼权利。第二，离婚必须符合法定条件，履行法定程序，承担相应的法律后果。婚姻家庭法对离婚的条件、程序、离婚后子女的抚养和教育等问题，都作了明确规定，这些规定既是对离婚自由的保障，又是对行使离婚自由权利的约束。

二、女性享有独立的姓名权

所谓姓名，是姓与名的合称。在传统意义上，姓是表示家族的标志，名是代表个人的标志。就法律意义而言，姓名是使自然人特定化的社会标志，有无姓名权是有无独立人格的重要标志，姓名权是人格权的重要组成部分，是一项重要的人身权利。夫妻有无独立的姓名权是夫妻在家庭中有无独立人格和地位的一种标志。依据《婚姻法》第14条："夫妻双方都有各用己姓名的权利。"第22条："子女可以随父姓，可以随母姓。"女性在婚后有继续使用自己姓名的权利，母亲也有要求子女随其姓的权利。

三、女性参加社会生产和社会活动的自由权

人身自由权是每个公民都平等享有的权利。我国《婚姻法》第15条规定："夫妻双方都有参加生产、工作、学习和社会活动的自由，一方不得对他方加以限制或干涉。"该条规定的夫妻人身自由

权主要强调公民的人身自由权不因结婚而受限制，已婚男女仍然享有以独立身份、按照本人意愿参加社会活动、进行社会交往、从事社会职业的自由权利，它对于夫妻双方都适用。从立法的针对性来看，主要是保护妇女参加社会活动的自由权利，禁止丈夫或其他人横加干涉或限制。

四、女性的婚姻住所决定权

婚姻住所是指夫妻婚后共同居住和生活的场所。婚姻住所决定权是指选择、决定夫妻婚后共同生活住所的权利。对于夫妻婚后共同生活的居所由谁决定，古今中外立法有所不同。例如奴隶、封建社会，夫为妻纲，实行“妻从夫居”；1804 年《法国民法典》规定，妻以夫之住所为住所。现代法律实行男女平等，规定婚姻住所有夫妻共同决定。依据我国《婚姻法》第 9 条规定，夫妻双方有平等的婚姻住所决定权。女性婚后应该与丈夫协商婚姻住所，可以随夫居住，也可以要求丈夫随自己居住，还可以另行选择婚姻住所。

五、女性的生育权

公民的生育权是一项基本的人权，它是指公民享有生育子女及获得与此相关的信息和服务的权利。1992 年的《妇女权益保障法》第 47 条（2005 年修改后的第 51 条）规定：“妇女有按照国家有关规定生育子女的权利，也有不生育的自由。”确认了妇女的生育权，这是基于生育的自然特性给予妇女的特殊保护，因而男方生育权的行使与实现须征得妻子的同意，妻子有权决定是否生育。

随着社会上对男性生育权的呼吁，2001 年公布的《中华人民共和国人口与计划生育法》仅强调“公民有生育的权利，也有依法实行计划生育的义务，夫妻双方在实行计划生育中负有共同的责任”，而不再提及女性生育权，我们认为这实际上在社会性别意识主流化方面倒退了一步。之后不少男性学者和公众仍一直在强调男性的生育权，尤其认为女性擅自人流或不愿生孩子是侵犯了男性的生育权。为此，2011年的《最高人民法院关于适用〈中华人民共和国婚姻法〉若干问题的解释（三）》进一步明确规定“夫以妻擅自中止妊娠侵犯其生育权为由请求损害赔偿的，人民法院不予支持；夫妻双方因生育问题发生纠纷，致使夫妻感情破裂，一方请求离婚经调解无效的，人民法院应准予离婚”，是给争论不休的“生育权究竟属于夫妻双方还是女方”画上了休止符。

生育权究竟是否男女平等，这要区分两个层面：

第一个层面是在一般情况下，男女双方在要不要生育或何时生育的问题上平等协商，并达成一致意见。在现实生活中，大多数夫妻在生育意愿和权利上没有矛盾冲突，也没有必要计较谁是谁非或由谁决定，因此，实际上双方的生育权是平等的，法律只是在婚姻当事人违反计划生育的情况下才介入其私领域。

第二个层面是在特殊情况下，男女双方在要不要生育或何时生育的问题上难以达成一致意见，那么，生育决定权就只能赋予一方，或男方或女方，而此时，所谓的“男女平等”只能是无法实现的神话。当然，在双方有分歧的情况下，生育权无论赋予男方还是女方都既有利又有弊，因此，应权衡利弊并以付出较少代价为出发点，即“两害相较取其轻”。而将生育决定权赋予女方的负面后果显然小于归于男方。我们的理由是：

（1）男子的性权利和生育意愿要通过女性主体才能实现，因此必须尊重女性意愿，在女性的认同下达到目标。任何违背女性意志的男性强权都是侵犯妇女人权的违法行为。比如在男方坚持要孩子而女方不愿生育的情况下，如果由男方做主，就意味着丈夫享有对妻子身体和意志的强制权，不仅剥夺了女方“不生育的自由”，而且丈夫拘禁妻子不让她去堕胎或者违背妻子意志强行过性生活也将合法化，这将以女性人身自由的丧失和身心被摧残为代价。而将生育决定权赋予女方，在某种程度上可能委屈了男方，但其最坏的结果是双方离婚，男方可以重新选择其他愿意生育子女的异性再婚。毫无疑问，前者可能导致的恶果远比后者严重。

(2) 生育不是婚姻的必然结果，女性也并非生育工具，公民既然有生育的权利，同样应享有“不生育的自由”。有学者认为“胎儿是丈夫精子与妻子卵子复合后的子息，可以认为是夫妻的合伙财产之一，怀孕的妻子无权单独处置”。女性的自主避孕或堕胎也被一些新闻媒体及学者指为“私自”“擅自”之行，是“侵犯丈夫生育权”的“违法”行为，还应赔偿男方的财产和精神损失。江西某县一男子车祸丧生，为传宗接代，公婆硬是将去妇产科医院堕胎的媳妇拽回家，并轮流监视其一举一动，非要她生下遗腹子不可，而成都大学荣教授竟评论道：“人人都不愿看到老来丧子又绝后的一幕，这也是与中国几千年历史和文化背景有关的。……如果‘绝了后’，这是目前中国许多老百姓，特别是文化层次较低的群体难以接受的。老人的心情人人都可以理解，作为儿媳，也应该理解公公、婆婆的苦衷。……解决这一矛盾的前提是，有利于孩子的成长。”可见一些专家学者（似乎都是男性）在潜意识里依然将女性视作帮夫家传宗接代的生育机器，而很少考虑她们的意愿和感受。其实，妻子自主堕胎是对自己身体的一种自主处分，是对“不生育”的一种自由选择。如果夫妻间未曾达成“要孩子”的合意，那么，妻子无论是自主避孕还是堕胎，都不构成对丈夫的侵权。

(3) 女性不仅在照顾、抚育子女方面履行比丈夫更多的义务，而且在怀孕、生育和哺乳过程中独自承担着艰辛和风险。因此，更多地赋权于女性，既是对生育主体——妇女的人文关怀和特殊保护，也是法律公正的体现。而男子由于在社会资源和体力上的优势，至今仍掌握着性生活的主动权，夸大或强调男人的生育决定权无疑会带来负面效应，而使女性受到伤害，比如会使婚内强奸合法化。

随着女性教育程度的提高、观念的变化以及社会对多元化生活方式的宽容，女性尤其是知识女性自愿不育者有增多的趋势，男性自愿不育者也可能增多。因此，男女双方应在婚前就生育问题进行沟通并达成一致，以避免婚后导至所谓“生育权”纠纷和甚至分道扬镳的后果。总之，夫妻发生生育纠纷时将决定权赋予女性主体具有合理性和合法性。

六、母亲对未成年子女的监护权和抚养、管教权利

依据《民法通则》的规定，未成年人的父母是其法定监护人，未成年人的父母死亡或没有监护能力时才需要依法另行确定监护人。《妇女权益保障法》第 49 条第 1 款规定：“父母双方对未成年子女享有平等的监护权。”作为监护人的父和母，应当平等、合作履行对未成年子女的监护职责、抚养和管教职责。《妇女权益保障法》第 49 条第 2 款规定：“父亲死亡、丧失行为能力或者有其他情形不能担任未成年子女的监护人的，母亲的监护权任何人不得干涉。”祖父母对未成年孙辈抚养与监护必须征得未成年孙辈母亲的同意。

父母与子女的关系不因父母离婚而消除。依法保障离婚妇女对子女的抚养权，是男女平等、保护妇女和子女合法权益的必然要求。

【案例 4－2】 限制女职工生育违法

生育期是女性职业生涯中不可避免的阶段。然而如今，很多知识女性在承担着社会和家庭的双重压力下不得不放弃生育的权利。让很多女性望而却步的并不是生育本身，而是生育与事业在时间上无法调和的矛盾。劳动权益的保护越来越成为女性维权的重点，个别单位在录用女职工时甚至要求几年不能结婚、几年不准生育等，让女性合法劳动权益受到严重侵害。2005 年修改后的《妇女权益保障法》第一次将劳动和社会保障权益作为妇女的基本权益补充进来。

案例：刚毕业的大学生王琳在一次人才交流会上，对一家公司

的财会职位很感兴趣。然而负责人却在面试时向她提出，必须五年内不得怀孕，否则将不予录用。为了防止口说无凭，对方还提出将以书面的形式签订一份协议，王琳因为求职心切最后还是答应了这个要求。公司方面对此的解释是，公司原来录用了一名女会计，可不到一年她就怀孕了，给单位造成了巨大的损失，因此这次提出这样的招聘条件也实属无奈。据业内人士透露，一些企业要求女职工在一定期间内不得怀孕已成为不成文的规矩，因为考虑到生育子女而离岗、抚养孩子影响企业工作的连续性，会增加单位的成本支出。

点评：女性如果遇到这种就业后在一定期间内不得怀孕的协议，那么它在法律上是无效的。企业虽然有用工自主权，但是必须在合乎法律的前提之下。用人单位无权以结婚、怀孕、产假、哺乳等为由，辞退女职工或单方面解除劳动合同。如果用人单位要求签署此类协议，女职员应及时向劳动保障部门反映，最大限度地保证自己的合法权益。修改后的《妇女权益保障法》对女职工的劳动保护补充了新的内容：包括：第一，单位不得在劳动合同或者服务协议中限制女职工结婚、生育。这类行为今后将视为非法。第二，单位不得因结婚、怀孕、产假、哺乳等情形降低女职工的工资、辞退女职工或者单方解除劳动合同。第三，各单位在执行国家退休制度时，不得以性别为由歧视妇女。不能擅自将女性退休年龄提前，或者降低女性退休待遇。由于目前我国国家机关、企业、事业等不同性质的单位执行不同的退休制度，修改后的《妇女权益保障法》对退休规定了一个非歧视原则，但没有涉及退休年龄等具体问题。专家指出，企业追求的是经济利益，不应该将妇女生育期间的损失全部由企业来承担，国家也应该承担一部分。应该对因生育和哺乳导致误工的女性进行社会化补偿，比如建立生育保险等，这样就可以缓解企业的经济压力。

第三节 女性婚姻家庭中的财产权

女性的财产权利是指女性依法享有的以财产利益为内容的权利。财产权利是公民实现其他基本权利的物质保障。女性在财产方面享有与男性平等的权利。女性的财产权利包括两方面：一方面是在社会上女性获得经济资源的平等权利和机会；另一方面是在家庭中女性与男性平等的共同财产处分权、扶养权、继承权。

一、女性对夫妻共同财产的平等所有权

夫妻共同财产是指夫妻双方或一方在婚姻存续期间所得，除法律另有规定或夫妻另有约定外，归夫妻共同所有的财产。

《婚姻法》第 17 条规定："夫妻在婚姻关系存续期间所得的下列财产，归夫妻共同所有：①工资、奖金；②生产、经营的收益；③知识产权的收益；④继承或赠与所得的财产，但本法第 18 条第 3 项规定的除外；⑤其他应当归共同所有的财产。夫妻对共同所有的财产，有平等的处理权。"

夫妻对共同财产有平等的所有权。我国《妇女权益保障法》第 47 条规定："妇女对依照法律规定的夫妻共同财产享有与其配偶平等的占有、使用、收益和处分的权利，不受双方收入状况的影响。"夫妻在婚姻存续期间，双方对夫妻共同财产拥有平等的所有权，其性质是法定共同共有，即夫妻双方对共同财产平等的、不分份额的享有占有、使用、收益和处分的权利。其中处分权是所有权中最重要的权能，因为它直接涉及到共同财产的命运。夫妻对共同财产如果没有平等的处分权，平等的所有权就是一句空话。所谓"夫妻对共同所有的财产，有平等的处理权"，依照最高人民法院《关于适用〈中华人民共和国婚姻法〉若干问题的解释（一）》第 17 条的规定，应区分对财产的处理是否"因日常生活需要"而作以下两方面的理解：

（1）因日常生活需要而处理夫妻共同财产的，任何一方均有权决定。这说明夫妻之间相互享有日常家事代理权。由于日常家事非常繁琐，夫妻在家庭生活中关系密切，赋予夫妻日常家事的决定权，可以扩张夫妻的意思自治能力，方便社会经济交往。同时，由于夫妻对一方作出的财产决定负连带责任，所以，对第三人来说也是公平的。

（2）夫或妻非因日常生活需要对夫妻共同财产做重要处理决定，夫妻双方应当平等协商，取得一致意见。他人有理由相信其为夫妻双方共同意思表示的，另一方不得以不同意或不知道为由对抗善意第三人。依照民法关于共同共有的原理，夫妻双方在行使处分权时，应当协商取得一致意见。凡是重大财产问题，未经双方同意，任何一方不得擅自处理。当然在涉及善意第三人的问题上，法律保护善意第三人的程度要高于保护夫妻对共同财产的处理权，所以如果第三人有理由相信其为夫妻双方共同意思表示的，即使事实上是单方的擅自处分，也应保护善意第三人的利益，而在夫妻之间由擅自处分方赔偿另一方的损失。

总之，妻子对夫妻共同财产享有与丈夫平等的占有、使用、收益、处分的权利，丈夫未经妻子同意，不得擅自处分日常生活所需财产以外的夫妻共同财产。

夫妻依法享有对个人特有财产独自处分的权利。

《婚姻法》第 18 条规定："有下列情形之一的，为夫妻一方的财产，双方另有约定的除外：①一方的婚前财产；②一方因身体受到伤害获得的医疗费、残疾人生活补助费等费用；③遗嘱或赠与合同中确定只归夫或妻一方的财产；④一方专用的生活用品；⑤其他应当归一方的财产。"

法定的夫妻特有财产的性质属于公民个人财产的范畴，依法受法律保护。作为夫妻一方个人所有的财产，应由其本人占有、管理、支配和处分，他人无权干预；在离婚时，归个人所有，他人无权分割；在财产所有人死亡时，应划入遗产的范围，按继承法处理。

二、女性的扶养权

我国《婚姻法》第20条规定："夫妻有互相扶养的义务。一方不履行扶养义务时，需要扶养的一方，有要求对方付给扶养费的权利。"确立夫妻间扶养的权利和义务，对保障夫妻正常生活，保护婚姻关系的稳定，加强夫妻间在物质上帮助、生活上相互照料的责任，具有重要意义。

在我国现实生活中，女性往往处于弱势地位，依据上述规定，妻子享有要求丈夫扶养的权利，当丈夫不履行扶养义务时，需要扶养的妻子有要求丈夫给付生活费及其他生活上扶助的权利。

三、女性的继承权

我国《婚姻法》第24条明确规定，"夫妻有相互继承遗产的权利。"我国《继承法》作为专门调整继承关系的法律规范，在法定继承中对配偶继承权作了全面具体的规定。法定继承，是指直接按照法律规定的继承人范围、继承顺序和遗产分配原则由法律直接规定的继承方式。只有在被继承人生前未立遗嘱或者遗嘱无效、有遗嘱未处分的遗产等情况才适用法定继承。如果被继承人生前立有合法有效的遗嘱，则应按其遗嘱分配其遗产。以夫妻身份关系或婚姻状态的存在为前提，确认配偶之间为法定继承人，相互享有遗产继承权，是现代继承法和婚姻家庭法的通例。对配偶的相互继承权的理解和适用，应注意以下几点：

（1）婚姻关系的有效成立，是配偶继承权的先决条件，也是法律确认配偶继承权的依据。

（2）配偶互为第一顺序法定继承人，享有同等的继承权。

（3）配偶继承权不受婚姻存续时间长短的影响，也不受生存一方是否再婚的妨碍。

我国《妇女权益保障法》针对妇女继承权容易受到侵犯的现

实，特别强调“妇女享有的与男子平等的财产继承权受法律保护。在同一顺序法定继承人中，不得歧视妇女。丧偶妇女有权处分继承的财产，任何人不得干涉。”

第四节 女性婚姻家庭权利特别内容

一、禁止对女性实施任何形式的家庭暴力

我国目前对家庭暴力的界定适用《最高人民法院关于适用〈中华人民共和国婚姻法〉若干问题的解释一》第1条规定：“指行为人以殴打、捆绑、残害、强制限制人身自由或其他手段，给其家庭成员的身体、精神等方面造成一定伤害后果的行为。持续性、经常性的家庭暴力构成虐待。”禁止对女性实施任何形式的家庭暴力的法律规定有国际公约和国内法两个方面。我国已经签署了《消除对妇女一切形式的歧视公约》《儿童权利公约》等国际公约，我国还是《北京宣言》《行动纲领》等国际文件的承诺国，以向全世界庄严承诺，采取有效措施，制止家庭暴力，保护妇女、儿童、老人等一切弱势群体权益。国内法从宪法到地方性法规，都有禁止家庭暴力的规定。《宪法》关于保护公民权利，男女平等等规定是我国反家庭暴力的立法依据。《婚姻法》是我国第一部明确规定“禁止家庭暴力”的法律。《妇女权益保障法》第46条规定：“禁止对妇女实施家庭暴力。国家采取措施，预防和制止家庭暴力。公安、民政、司法行政等部门以及城乡基层群众性自治组织、社会团体，应当在各自的职责范围内预防和制止家庭暴力，依法为受害妇女提供救助。”第58条规定：“违反本法规定，对妇女实施性骚扰或者家庭暴力，构成违反治安管理行为的，受害人可以提请公安机关对违法行为人依法给予行政处罚，也可以依法向人民法院提起民事诉讼。”

公安机关应当依法受理家庭暴力受害者的报警求助，对于殴

打、限制人身自由或者其他手段的家庭暴力行为，应当及时制止，依法处置；对轻微的施暴行为，应当会同有关部门采取积极措施，共同做好批评教育工作；对违反治安管理的行为，依法给以处罚；对触犯刑律的，应当立案侦查；对属于告诉才处理的案件，应当告知报案人或受害人向法院自诉。

李阳的家暴事件，让社会再次关注家暴话题。近年来，家暴成为破坏家庭幸福的重要因素。北京市一中院今年对离婚案件的一项调研显示，离婚案件中家庭暴力的现象十分严重，且当事人无法获得足够的法律保护。调研认为，“男尊女卑”的观念在一些人心中根深蒂固，也有人认为丈夫打妻子不会触犯法律，这些思想都助长了家庭暴力的发生。而社会角色的分工是家庭暴力形成的现实原因。

“惩治家庭暴力的法律法规不完善是其蔓延的法制原因。”调研认为，我国的《刑法》、《民法》和《妇女权益保障法》等对家庭暴力都有相关的处罚规定，但是规定不明确，可操作性较差，法律的威慑力不强。此外，司法机关或社会组织不愿过多主动介人家庭暴力，社会公众也将“家庭暴力”视作隐私而“视而不见”。

“反对家庭暴力，有效抑制家庭暴力的发生，最根本的是完善反家庭暴力的法律法规。”应在借鉴国外立法经验的基础上，制定专门的反家庭暴力法，对家庭暴力的救助、损害赔偿的举证责任等进行详细规定，以弥补我国现行立法方面的不足。如将保护令写进民事法律，以提供给受害者较及时的保护，如果受害者受到暴力威胁，随时可以打电话向警察求救，警察限定施暴者一段时间内不许回家，以免其继续虐待受害者，直到警方认为解除暴力威胁为止。

2011 年 3 月，全国妇联相关负责人在两会期间透露，第一部全国性的《反家庭暴力法》草案已经起草完成。全国政协委员、妇联副主席甄砚在两会上提出了设立《反家庭暴力法》的提案，随提案还附有《反家庭暴力法》草案。2011 年 7 月 15 日，反家庭暴力法立法工作取得突破性进展，全国人大常委会已将反家庭暴力法纳入预备立法项目。这标志着全国人大常委会对这部法律的研究论证工作正式开始。

全国妇联的一项最新抽样调查表明，家庭暴力现象目前在我国具有相当的普遍性，它不仅发生在夫妻之间，还多发于父母与未成年子女、成年子女、年迈父母之间。

据统计，全国2.7亿个家庭中，遭受过家庭暴力的妇女已高达30%，其中，施暴者九成是男性。每年有近10万个家庭因家庭暴力而解体。可见出台《反家庭暴力法》迫在眉睫。

我国反家庭暴力立法进程：

2000年至今，全国28个省（区）市相继出台反家暴专门法规或政策。

2008年起，全国妇联已连续四年向全国人大建言，制定一部国家社会领域的综合性反家暴法。

2011年，全国妇联和中国法学会相继向立法机关递交了各自的《反家庭暴力法》专家建议稿，两个文本在原则上大致相同，如提出把家庭暴力分类为身体暴力、精神暴力、性暴力和经济控制，立法集家暴行为的预防、制止、救助、教育与矫治为一体。

2012年初，全国妇联所做的“反家庭暴力立法公众态度调查”显示，87.3%的被调查者听说过“家庭暴力”，93.5%的被调查者支持推动立法。

近几年来，全国妇联一直积极致力推动反家庭暴力国家立法，连续4年建议将反家庭暴力法纳入国家立法规划。

《反家庭暴力法》的出台将使包括妇女、儿童和老人在内的所有家庭成员获得更好的保护。

【案例4-3】 新婚妻子遭遇家庭暴力，寻求维权获支持

2010年5月，年仅二十的小胡与杨某认识于网络，通过网上的交流双方互有好感。在经过几次见面接触后，小胡感觉杨某看上去温文尔雅，对自己也蛮体贴照顾，虽说自己一直不相信“一见钟

情”。但看到杨某后小胡相信自己找到了心目的“白马王子”。

尽管小胡的父母一再提醒她择婚要慎重，此时的小胡沉浸在幸福之中，根本听不进规劝，在杨某提出求婚的愿望时便欣然答应了，同年6月两人迅速领取了结婚证并生活在一起。

从认识到结婚仅有“闪电式”的一个月，年轻的小胡不知是自己梦魇的开始。让小胡万万想不到的是新婚不到两周，杨某便暴露出野蛮、粗暴的脾气。双方一旦为家务琐事发生争执，杨某便恶言相对、动手殴打，直至小胡寻求“110”相助。7月的某天，双方再次为琐事争吵，小胡一气之下提出要离婚，杨某听闻拳脚相加，硬逼小胡写下几十万的借条。

小胡不堪忍受杨某的折磨，带着满身的伤痕逃回了娘家并迅速向法院提起了离婚诉讼，要求离婚并赔偿其医药费及精神抚慰金若干。法院在审理过程中，杨某称双方感情一直很好，虽说其一时冲动打人，但愿意改正错误，故不同意小胡的诉讼请求。

法院审理后认为，小胡与杨某虽然是自由恋爱而结婚，但相互接触了解的时间仅有一个月，婚姻基础较差。而杨某在对待家庭矛盾的处理上缺乏正确妥当的方法，根据小胡提供的报警记录、验伤单等系列证据均证明杨某的家庭暴力行为，导致小胡身体及身心健康受到伤害，双方实际未建立较好的婚后感情，经法院调解无效，判决准许小胡与杨某离婚，并根据小胡的受伤害程度判决杨某赔偿小胡医疗费六百余元。

点评：

本起案件是较为典型的涉及家庭暴力的婚姻家庭纠纷案件。原告小胡的诉讼请求最终获得了法院的支持主要在于小胡有比较强的自我保护意识，在每次受到家庭暴力侵害后均报警处理并有验伤单等证据，给法院查明事实提供了有力的佐证。法院在处理此类案件时发现有的女同志碍于情面，觉得“家丑不外扬”，遇到家庭暴力只是一味忍气吞声、逆来顺受，最终要想真正维权时缺乏有力的证据而举步维艰。

法官提醒：首先，妇女同志要有较强的自我维权意识，许多女性在遭受家庭暴力以后无所适从，事实上我们国家法律体系的设计对女性家庭暴力设定有较为全面的保护系统。《中华人民共和国妇女权益保障法》及一些权益保障法地方实施细则均是妇女同志维权的有力保障。我们的村居民委员会、妇联、妇女救助站、公安机关、民政部门、人民法院等，都是妇女同志进行维权的可靠渠道。其次妇女同志要有较强的自我保护意识，应当保留好涉及家庭暴力的所有证据，包括照片、报警记录、验伤单、妇联投诉记录等。

二、农村妇女权益的特别保护

农村妇女权益的核心问题是如何实现土地权利的男女平等。《婚姻法》第39条最后一款规定：“夫或妻在家庭土地承包经营中享有的权益等，应当依法予以保护。”《妇女权益保障法》对保护农村妇女的土地承包经营权及其收益、宅基地、未成年子女的权益等作了较为详细的规定。第32条规定：“妇女在农村土地承包经营、集体经济组织收益分配、土地征收或者征用补偿费使用以及宅基地使用等方面，享有与男子平等的权利。”第33条规定：“任何组织和个人不得以妇女未婚、结婚、离婚、丧偶等为由，侵害妇女在农村集体经济组织中的各项权益。”农村划分责任田、口粮田，批准宅基地，妇女享有与男子平等的权利，不得侵害妇女的合法权益。妇女结婚、离婚后，其责任田、口粮田、宅基地等应当受到保护。《农村土地承包法》第6条规定：“农村土地承包，妇女与男子享有平等的权利。承包中应当保护妇女的合法权益。任何组织和个人不的剥夺、侵害妇女应当享有的土地承包经营权。”第30条规定：“承包期内，妇女结婚，在新居住地未取得承包土地的，原发包方不得收回原承包土地；妇女离婚或者丧偶，仍在原居住地生活或者不在原居住地生活但在新居住地未取得承包土地的，发包方不得收回原承包土地。”

三、在离婚程序上对女性的特别保护

特殊时期男方不得提出离婚。《妇女权益保障法》第 45 条规定："女方在怀孕期间、分娩后一年内或者终止妊娠后六个月内男方不得提出离婚。"离婚处理财产时照顾女方的权益。《婚姻法》第 39 条规定："离婚时，夫妻的共同财产由双方协议处理；协议不成时，由人民法院根据财产的具体情况，照顾子女和女方权益的原则判决。"

四、离婚时女性住所权的特别保护

离婚时照顾妇女的住房权。《妇女权益保障法》第 48 条第 1 款规定："夫妻共有的房屋，离婚时，分割住房由双方协议解决；协议不成的，由人民法院根据双方的具体情况，按照照顾子女和妇女方权益的原则判决。夫妻双方另有约定的除外。"第 2 款规定："夫妻共同租用的房屋，离婚时，女方的住房应当按照照顾子女和女方权益的原则解决。"

五、离婚时女性抚育子女权的特别保护

离婚处理子女抚养问题时，照顾妇女合理要求。《妇女权益保障法》第 50 条规定："离婚时，女方因实施绝育手术或者其他原因丧失生育能力的，处理子女抚养问题，应在有利于子女权益的条件下，照顾女方的合理要求。"

六、离婚时夫妻财产分割和离婚损害赔偿

（一）夫妻共同财产分割

夫妻共同财产分割是指离婚时依法将夫妻共同财产划分为各自的个人财产。《婚姻法》第 39 条规定："离婚时，夫妻的共同财产由双方协议处理；协议不成时，由人民法院根据财产的具体情况，

照顾子女和女方权益的原则判决。夫或妻在家庭土地承包经营中享有的权益等，应当依法予以保护。”

1. 协议分割

离婚时，对于夫妻共同财产的分割，应当由夫妻双方协商解决。协商解决，是承认和尊重共有人的财产共有权的必然结果。协议分割，便于财产的归属尽快落实，并利于婚姻纠纷的彻底解决。因此，只要夫妻共同财产分割协议是双方真实的意思表示，内容合法并未损害子女的利益，即应予以承认。

2. 判决分割

如果双方不愿协商或者协商不成时，由人民法院依法判决。夫妻共同财产是在婚姻关系存续期间通过夫妻双方共同协力创造积累的婚姻物化果实，凝聚了双方的情感、智慧和心血，在离婚时能否做出公平、合理、适当的分割，直接关系到当事人双方的切身利益。根据《婚姻法》第 39 条及《财产分割意见》的规定，人民法院审理离婚案件对夫妻共同财产的处理，应当坚持男女平等，保护子女和女方的权益，照顾无过错方，有利生产、方便生活的原则，合情合理地予以分割。

人民法院判决分割夫妻共同财产，应当坚持以下原则：

第一，男女平等原则。男女平等是婚姻法的一项基本原则，体现在夫妻共同财产分割上，即夫妻双方对于其共同财产享有平等的共有权，不受双方收入状况的影响，双方都有平等分割共同财产的权利。人民法院判决分割时，不能因为性别差异，或者一方收入较低或没有收入就少分或不分。在农村，尤其应注意保护女方离婚后在责任田、口粮田、宅基地、自留地等家庭土地承包经营、使用中的权利，不能因为女方离婚就剥夺、限制其应有的权利。

第二，保护子女和女方权益的原则。坚持这一原则，首先应将未成年子女的利益放在优先考虑的地位，在分割夫妻共同财产时，应根据未成年子女的实际需要给予必要的照顾。其次要保护女方的权益。由于经济、社会及传统价值观念等各方面原因的制约，男女事实上不平等的现象仍然存在。一方面，女性受教育的机会、就业机会、劳动报酬等与男性还有一定差距，女性的经济能力或者说独立谋生的能力总体上弱于男性。另一方面，从男女两性的社会分工看，女性在家务中的付出往往更多，而这又很难物化为财产收益。为了真正实现男女平等，就应考虑到女性经济能力相对较差的现实，在夫妻离婚分割财产时，有必要保护女方的权益，使其离婚后的生活更有保障。

第三，照顾无过错方原则。我国婚姻法在离婚原则上实行破裂离婚主义，只要夫妻感情确已破裂，无论离婚的具体的原因为何，也不论当事人有无过错，婚姻本身已经“死亡”即应准予离婚，并不将离婚作为对过错方的惩罚和对无过错方的奖赏。但是，如因夫妻一方的过错行为导致离婚的，在分割共同财产时，应当照顾无过错方，使其在财产上适当多分一些，以弥补其感情上、精神上遭受的伤害和痛苦，这体现了法律的公平与正义。由于“照顾”不是一种民事责任，其性质不同于离婚损害赔偿责任，因此，这里的“过错”并不仅限于重婚、姘居、实施家庭暴力、虐待、遗弃家庭成员等重大过错行为，还包括其他违反婚姻义务或者故意以悖于社会善良风俗的方法不法侵害配偶关系的身份权益的过错行为。

第四，有利于生产、生活需要的原则。在分割夫妻共同财产时，应从充分发挥共同财产的效用和不损害财产的经济价值出发，对生活必需品，应当考虑双方和子女的生活需要，分给需要的一方；对于生产资料，应当分给有生产经营的条件和能力或者正在进行生产、经营的一方；对于一方从事职业或正当的爱好所必需的工具、仪器、专业图书、资料等，应当分给需要的一方；对于一些特定物品，如夫妻一方获得的奖牌、奖章等，应当分给获奖的一方，等等。某项财产基于生产、生活需要原则上分给一方后，价值超过其应分得的财产的，对超过部分的价值应当由其补偿给对方，以维护对方的合法权益。

（二）离婚时的经济补偿

《婚姻法》第40条规定：“夫妻书面约定婚姻关系存续期间所得的财产归各自所有时，一方因抚育子女、照料老人、协助另一方工作等付出较多义务的，离婚时有权向另一方请求补偿，另一方应当予以补偿。”这是修正后的《婚姻法》所增加的新规定，确立了分别财产制中的补偿请求权。《妇女权益保障法》第47条规定：“夫妻书面约定婚姻关系存续期间所得的财产归各自所有，女方因抚育子女、照料老人、协助男方工作等承担较多义务的，有权在离婚时要求男方予以补偿。”

1. 离婚时补偿请求权的立法目的及意义

1980年《婚姻法》仅规定夫妻可以采用约定财产制，如果夫妻约定婚后各自所得的财产归各自所有，即约定采用分别财产制的，夫妻之间是否享有补偿请求权，未作规定。2001年修改后的《婚姻法》做出了补偿请求权的规定，在一定程度上弥补了分别财产制的缺陷，具有重要意义。

第一，补偿请求权是对夫妻一方从事家务劳动或协助工作予以正确评价的必然要求。家务劳动是指不能直接产生经济效益的为满足家庭成员的生活需要所从事的劳动，包括料理家务、抚养子女、照料老人等。家务劳动虽然不能直接创造经济价值，但可以节约家庭的支出，从而间接地增加家庭的财富。夫妻实行共同财产制，从事家务劳动一方对对方婚后所得财产享有共有权，就等于承认家务劳动与社会劳动具有同等的价值。如果夫妻约定实行分别财产制，在离婚时一方不能分享对方婚后所得的财产，就会漠视家务劳动的劳动价值。夫妻一方协助另一方工作，被协助的一方所创造的财富是以夫妻的共同劳动创造的。如果夫妻约定婚姻存续期间所得的财产各自所有，而不允许协助方分享被协助方所创造的财富，完全漠视协助方所付出的劳动，就会导致一方无偿占有另一方的劳动。因此有必要规定离婚时一方对于另一方的补偿请求权。

第二，补偿请求权是为了弥补夫妻分别财产制的缺陷。为尊重夫妻的意思自治及婚姻共同生活的协调，婚姻法有承认约定财产制的必要。分别财产制作为夫妻可以约定实行的夫妻财产制，婚姻关系存续期间所得的财产依约定归各自所有时，形式上的平等容易造成事实上的不公平。正因为如此，实行分别财产制的国家通过制定法或判例法引入共有原理，以弥补分别财产制的缺陷与不足。《婚姻法》赋予在婚姻关系存续期间付出较多义务的一方享有补偿请求权，其立法旨意也在于以强行法平衡夫妻双方的利益关系，弥补分别财产制的缺陷。

第三，补偿请求权是保障妇女的合法权益，实现夫妻实质上平等的需要。由于传统的夫妻分工模式及男女性别观念的影响，在现实婚姻生活中，因抚养子女、照料老人、协助对方工作付出更多义务的绝大多数是妇女。夫妻一方如果较多地从事家务劳动、协助对方工作，必然会使自己的工作、学习、晋升等受到影响甚至在激烈的市场竞争中被淘汰。在夫妻关系存续期间，该方的生活可以通过夫妻之间的扶养义务而得到保障。然而一旦离婚，夫妻之间的扶养义务不复存在，其生活可能受到相当大的影响。补偿请求权正是考虑到女方在家庭中的实际付出，使经济上处于劣势地位的一方可以在离婚时得到经济上的补偿，以实现夫妻实质上的平等。

2. 补偿请求权的要件

根据《婚姻法》第 40 条的规定，补偿请求权的产生应当具备以下两个要件：

其一，夫妻双方书面约定婚姻关系存续期间所得的财产归各自所有。这是补偿请求权的适用范围，即只适用于约定实行分别财产制的夫妻。对于实行法定夫妻共同财产制的夫妻或者约定采用其他类型的夫妻财产制的夫妻，即使一方付出了更多的义务，也不能产生补偿请求权。夫妻约定婚姻存续期间所得的财产部分共有、部分各自所有的，不在其列。

其二，夫妻必有一方在共同生活中对家庭付出了更多的义务。

这是启动离婚经济补偿的原因条件。倘若一方并未在共同生活中对家庭付出更多的义务，尽管夫妻双方约定婚姻关系存续期间所得财产归夫妻各自所有，也不能由一方给予对方物质补偿。补偿以权利与义务对等为目的，只有一方付出了更多的义务才存在由另一方对其所付出的更多义务给予补偿的问题。付出更多义务，包括抚养教育子女，照料、赡养老人，支持、协助对方工作等各个方面。就内容而言，既可以在抚育子女、照料老人、协助对方工作等方面付出了更多的钱财，又可以是在上述各个方面付出了更多的劳动、精力。

3. 补偿请求权的行使

补偿请求权须是离婚时由多付出义务的一方向另一方提出补偿请求。该请求权的行使时间限于离婚之时。夫妻双方约定了婚姻关系存续期间所得财产归各自所有，即使一方对家庭付出了较多义务的，在离婚之前或者离婚之后，均不能向对方提出补偿。补偿请求权可以行使，也可以放弃。多付出义务的一方行使补偿请求权，应在离婚诉讼中向对方一并提出。

（三）对生活困难妇女的经济帮助

离婚制度是人为解除婚姻关系的手段，旨在消除因不和谐的家庭生活所带来的社会问题，进而重建新的较健全的社会秩序，因而离婚是保障婚姻生活幸福的最后界限，是一件“无法避免的恶事”。基于婚姻法上男女平等主义和婚姻自由原则，既然允许男女双方均得请求离婚，如果不能除去离婚后生活维持的不安，并保障其生存，将使当事人（特别是女方）不敢请求离婚，故通过离婚法律规范以保障离婚后配偶的生活是必需且必要的。外国立法例一般设有离婚赡养费给付制度，以保障离婚当事人中的经济弱者。

我国《婚姻法》第 42 条规定：“离婚时，如一方生活困难，另一方应从其住房等个人财产中给予适当帮助。具体办法由双方协议；协议不成时，由人民法院判决。”据此，确立了与外国离婚法上赡养费给付制度相近似的经济帮助制度。

经济帮助是指夫妻离婚时，因一方生活确有困难，经双方协议或法院判决，由有条件的一方从其个人财产中给予另一方适当资助的制度。经济帮助既不以一方付出更多义务为条件，也不以一方是否有过错为必要，而是以一方在离婚时存在生活困难为前提的，故与离婚经济补偿制度以及离婚损害赔偿制度都不相同。

经济帮助也不同于夫妻间的扶养义务。夫妻间相互扶养的义务，以夫妻人身关系为前提，存在于婚姻关系存续期间，并且随着婚姻关系的终止而终止。而离婚时一方对另一方的困难帮助，则以夫妻解除婚姻关系为前提，以一方生活存在困难为条件，有条件的一方才有义务帮助。

夫妻离婚后为维持其生活所设经济帮助的给付制度系基于婚姻法上男女平等、婚姻自由原则而产生的。其主要目的在于填补婚姻关系存续中扶养请求权之丧失，因离婚而无自立生活能力的一方可以向他方请求资助，以维持离婚后的生活。因此，经济帮助不是夫妻之间互相扶养义务的继续和延伸，而是离婚的效力，属于婚姻法上对离婚时生活困难的一方予以经济保障的救助措施。该制度的确立，可达到保障离婚自由之目的。

根据《婚姻法》第 42 条之规定，一方给予另一方帮助，是有条件的。这些条件包括：

(1) 一方必须存在生活困难。生活困难是指在分割夫妻共同财产后，一方的财产及其谋生能力不能维持其基本生活。判断离婚当事人是否存在生活困难，应当在分割夫妻共同财产后，其财产仍不能维持其基本生活。《婚姻法解释（一）》第 27 条规定："婚姻法第四十二条所称'一方生活困难'，是指依靠个人财产和离婚时分得的财产无法维持当地基本生活水平。一方离婚后没有住处的，属于生活困难。"生活困难的原因多种多样，如因年老多病，无法继续劳动，又没有工作等固定生活来源；因伤害、疾病丧失劳动能力，无生活来源，等等。

(2) 另一方须具有给予帮助的经济能力。一方存在生活困难，另一方没有提供帮助所必要的经济能力，如自己的生活也存在困难，或者只能勉强维持生活，即不负担给予经济帮助的义务。

以上条件，相互联系，构成一个有机结合的整体，缺一不可。

对于一方符合应当获得另一方帮助的条件的，根据《婚姻法》第 42 条之规定，首先应由双方协议，协议不成的，由人民法院判决。人民法院在判决时，应查明双方的财产状况、经济条件、谋生能力、受帮助方的生活困难程度、帮助方的负担能力等因素，结合当地的一般生活水准及双方婚姻关系存续期间的生活水平，确定一方给予另一方的适当帮助。

(四) 离婚损害赔偿

我国婚姻法上的离婚损害赔偿，是指夫妻一方因法定的严重过错行为导致离婚的，无过错方有权请求损害赔偿。《婚姻法》第 46 条规定："有下列情形之一，导致离婚的，无过错方有权请求损害赔偿：①重婚的；②有配偶者与他人同居的；③实施家庭暴力的；④虐待、遗弃家庭成员的。"

离婚损害赔偿制度，既有填补损害、维持公平正义的功能，又有精神抚慰、平息怨愤、缓和矛盾的功能，还有制裁、惩罚违法犯罪，规范、保障婚姻秩序的功能。无论是从制裁、遏制重婚、家庭暴力等违法行为出发，还是从完善婚姻立法，使对这类行为的民事制裁有法可依着眼，都具有现实意义。

1. 离婚损害赔偿请求权的成立条件

(1) 一方有重婚的；有配偶者与他人同居的；实施家庭暴力的；虐待、遗弃家庭成员的等行为。

(2) 另一方无过错，这是离婚赔偿损害构成的又一必要前提。所谓"无过错"，不是指另一方没有任何过错，而应作限缩解释，特指另一方没有实施《婚姻法》第 46 条规定的重婚、有配偶者与他人同居、实施家庭暴力、虐待、遗弃家庭成员等过错行为。如果双方都有过错，如各自与他人重婚，或与他人同居，或遗弃、虐待家庭成员，则任何一方都不能以对方有过错为由而提出损害赔偿。

（3）必须因严重过错行为导致了离婚，从而给无过错方造成了损害。离婚损害赔偿，顾名思义，应以损害存在为必要。有损害才有赔偿，无损害就无赔偿的前提与基础。但是，这种损害，既包括财产上的损害，又包括非财产损害。财产损害，是指无过错方因另一方过错行为造成的物质上的现有财产权益的损失，但不包括遗产继承权、保险受益权等可期待财产权益的损失。非财产损害，则包括精神损害。精神损害是指过错行为导致婚姻破裂，由此给另一方造成的精神上的痛苦。这种离婚精神损害无需请求权人负举证责任，只要加害人有上述严重过错行为并且是导致离婚的原因，法律即推定这种精神损害存在。因此，离婚精神损害是“名义上的精神损害”，而不是“需证明的精神损害”。惟有这样解释，才符合惩罚严重婚姻过错行为的立法目的。

2. 离婚损害赔偿请求权的行使

必须由无过错一方提出损害赔偿请求。无过错方没有提出请求，人民法院在处理离婚案件时不能主动干预、处理。

3. 离婚损害赔偿请求权的行使期限

对于依《婚姻法》第46条提出的损害赔偿请求是否必须与离婚诉讼同时提出，意见不统一。但一般司法实践认为，为便于审理及当事人举证，应该规定该请求必须与离婚诉讼同时提出。

【案例4-4】 全职太太离婚难分财产

54岁的李某是三家公司的老总，企业总资产几千万，50岁的王某是李某的妻子。两人于1980年结婚，并生有一子。20世纪90年代初，两人先后“下海”经商，至2008年李某与王某所经营的几家公司，总资产已近亿元。2000年开始，王某回家做起了全职太太，公司全部交给丈夫打理，对于公司资产、家中财产完全不清楚。

2008年初，王某发现丈夫早已在外有了婚外情，而且在外所生女儿都已经几岁了。为此，夫妻双方感情发生裂痕，双方多次协议离婚未果。无奈之下，王某聘请律师，将李某告上了法庭。律师与法官一起到广州、深圳等地调查取证，但由于男方近两年在经营过程中把一些公司股份私下转让，同时还设置了一些债务。让女方王某很难分得她应得的一半财产。

点评：丈夫的收益有一半是属于妻子的，家庭主妇对于男方的财产理应进行关注。举例说，经商的家庭经常会把房产进行抵押，而房产有一半是属于妻子的，那么房产抵押是赚还是赔都与自己有关，是否抵押都有决定权。但是一些家庭主妇漠不关心，到了离婚时才发现男方转移了财产，但自己手中没有证据，从而得不到应有的赔偿。

妇联呼吁女同胞们，既要做家庭的主妇，也要做家庭财产的主人，对自己公司的资产、家中的财产，做到心中有数，手中有材料，只有这样才能依法维护自己的合法权益。

【案例4－5】

2003年5月，治某（女方）与钱某（男方）在当地民政部门办理了离婚手续，孩子由治某抚养。离婚后二人又达成书面协议：为使二人的主要精力放在抚养教育孩子身上和不影响财产的继承权归他人所有，再婚后二人都不得再生育子女，违者支付对方违约金2万元。2003年10月钱某与王某（女、未婚）结婚，并于2004年11月生育一子（不违反国家计划生育政策）。治某知道钱某生孩子后就以钱某违约为由，向其索要违约金2万元，遭到钱某拒绝。治某向法院诉讼，请求法院判令钱某承担违约金。

点评：

此案的离婚夫妻禁止生育协议无效。首先生育权不因为与他人的协商行为而受到限制。生育权是法定的，在法律许可的范围内，公民想什么时候行使这种权利就可随时行使，其他任何限制行使这一权利的行为都是非法的、无效的。当然，公民也可放弃这项权利，但这种放弃必须以自愿为前提，且公民即使一时放弃了这种权利，以后又想生育子女，同样可以继续行使生育权。在本案中，双方达成禁止生育的协议，是对法律赋予公民生育权的人为限制，违反了法律赋予公民享受有生育权的规定。

依照《民法通则》第 58 条的规定，违反法律的民事行为是无效的。其次，原、被告订立的禁止生育的协议，也侵犯了被告妻子王某的生育权。按照《妇女权益保护法》的规定，被告之妻王某享有依照国家规定生育子女的权利。但是，如果限制了被告的生育权，必然也会限制王某的生育权，因为王某合法地行使生育权必须以丈夫的生育权不受到限制为前提。可见，原、被告订立的协议一定程度上侵害了第三人王某的生育权，是违反妇女权益保护法的行为。

【案例 4－6】

方先生是本市一家公司的部门经理，他与妻子陈女士结婚将近十年。后来陈女士发现丈夫与其同事同居，于是向法院起诉离婚，要求分割夫妻双方共同财产，同时要求丈夫赔偿精神损失费 5000 元。法院经审理，根据《婚姻法》的规定，依法判决双方离婚，并判处被告赔偿原告精神损失费 5000 元，此外，在财产分割、债务承担等方面对陈女士均给予了照顾。

点评：主审法官指出，在适用离婚损害赔偿制度时应注意：①该离婚损害请求权只能向实施侵犯配偶权行为的过错方提出。②由于离婚损害赔偿请求权的行使，是以当事人有过错并因过错而导致离婚为前提。③“无过错方”应为严格意义上的绝对没有任何过错的一方当事人。

思考与讨论

1. 从法理的角度探讨婚姻的本质。

2. 了解法律关于结婚、离婚的有关规定，并从中学会保护自己。

3. 案例讨论

案例 1：程灵在 2002 年 12 月邂逅了台湾人王祥，二人在次年 1 月闪电结婚。婚后不久，二人双飞台湾过起幸福生活。2004 年初，程回到重庆不久又飞回台湾老公身边。但此后，王开始对妻子大打出手。程为此曾将丈夫起诉到台湾地方法院。2004 年底，程又回到重庆，以遭遇家庭暴力为由向南岸区法院递交诉状，要求离婚。之后，程向台湾地方法院撤诉。

程特地向法院递交了台湾警方的证据。该证据是程在台湾期间遭遇家庭暴力时，向警方报警后，警方对此的处理情况记录。南岸区法院承办法官杨忠称，他们受理后，担心王不到庭应诉，耐心地做思想工作，消除了王对大陆法院的疑虑。2005 年 4 月，在法官的调解下，王祥同意补偿 500 元人民币、1.8 万余元美元。

案件背后：法官杨忠称，目前涉台、涉港的离婚案件不断增多，其中大部分婚姻关系的女性都是大陆的。这些婚姻一般都是闪婚，为此他希望大陆女子在婚姻上要理性，不要贪图对方的身份和钱财。同时希望遭遇家庭暴力的女性，要像本案的程灵那样，及时报警，保存证据，积极通过当地援助机构，寻求法律帮助。此外，还要在诉讼前掌握好对方的财产线索。

请点评本案中程灵的做法。

案例 2：外嫁女维权

案情：

廖女士是佛山市南庄镇的村民，婚前一直享有该村的股份分红。廖女士结婚后，该村突然宣布，“外嫁女”一律要迁出本村，不得再享有股份分红，不得享受本村村民待遇，并以廖女士是外嫁女为由，取消了廖女士的股份分红、征地补偿等村民待遇。

请问廖女士应如何维护自己的利益？

提示：依据《妇女权益保护法》《广东省实施〈妇女权益保障法〉办法》《广东省农村集体经济组织管理规定》等相关规定，给廖女士作全面分析：

第一、廖女士结婚后户口一直没有迁出该村，并且一直都履行村民义务。

第二、廖女士婚前一直享有股份分红。

第三、廖女士也没有违犯计划生育。

建议廖女士通过法律途经解决。

案例 3：1996 年，张芹和吴建恋爱并于次年结婚，后生下一子。婚后两人感情并不好。1999 年 9 月至 2003 年 10 月期间，吴建受工作单位委派，先后到泸州和成都工作。2001 年至去年 1 月期间，他与别的女子同居，不再对张芹尽夫妻义务，随后提出离婚。

法院认为，吴建未离婚而与他人同居，对婚姻有过错，而且在离婚过程中有隐匿和转移共同财产的情形。终审判决两人离婚，孩子归张芹抚养，吴建一次性给付 17 万余元抚养费，财产补偿 6 万元，损耗赔偿 5 万元。

请分析法院判决的依据和原则。

案例 4：赵明是南岸区的一名城管职工。X 年 3 月 28 日他被妻子刘莲告到法院，说他不拿钱给需要做心脏二尖瓣置换手术的妻子治病，要求他拿出 10 万元给她做手术。南岸区法院调查得知，刘在 10 多岁时就患心脏病，小孩出世后病情愈发严重，最后导致半边瘫，生活无法自理。刘的父母多次到法院哭诉女儿的病情和无奈，甚至还将女儿抬到法院。

"并不是丈夫不尽扶养义务。"南岸区法院维权合议庭承办法官黄家琴经多方了解，就在去年春节，赵明还出钱给妻子治疗。赵是聘用人员，每月800多元工资，为了家庭和妻子，他舍不得吃穿，上下班穿的都是工作服。

了解情况后，黄法官开始做双方的工作。开始，赵仍以无钱为由拒付医疗费。法官跑了10天，赵终于多方筹集了一笔巨款交给妻子做手术。手术期间，黄法官还三次前往西南医院探病。法官的柔情，丈夫的救命钱，终于感动了刘。不久，刘主动向法院撤诉。经历了这个官司后，二人也因此离婚。

请点评本案中刘莲、赵明及黄法官的做法。

第五章　女性与劳动及社会保障权利

【案例 5－1】

谢某系重庆某公司的女职工，2008 年 9 月怀孕。2009 年 5 月，公司由于业务繁忙，要求谢某每天加班 4 小时，谢某因身怀有孕无法承受，便请求公司不安排她加班。公司不同意，反而以谢某不服从管理为由，决定解除谢某的劳动合同。

问：公司解除谢某的劳动合同是否合法？

第一节　女性劳动及社会保障权利概说

劳动是个人生存与社会发展必不可少的条件，是宪法规定的公民的基本权利，也是公民的基本义务。现实生活中，公民的社会保障权与劳动权是紧密结合的。女性作为我国公民的一部分当然享有劳动权与社会保障权。

一、女性劳动权的概念

劳动权是指劳动者依照法律法规的规定或者劳动合同的约定，应当享有的就业权、劳动报酬权、休息休假权、福利待遇权、劳动保护权、职业培训权、集体协商权、企业民主管理权以及创造性工作受鼓励权和获得帮助权等。

女性的劳动权是指依照法律法规的规定或者劳动合同的约定，赋予女性在劳动关系方面的基本权利。对女性劳动者来说，劳动权不仅是谋生的手段，也是女性在家庭和社会中获得独立地位的重要条件。因此我国法律法规不仅赋予女性一般的劳动权利，即女性在整个劳动过程中享有与男子同样的权利；还基于女性自身的生理特征和社会角色赋予其不同于男子的特殊劳动权利，也就是说我们要对女性的劳动权给予倾斜式保护。

二、女性社会保障权的概念

社会保障权又称福利权，即公民要求国家通过立法来承担和增进全体国民的基本生活水准的权利，具体是指个人和家庭在遭受工伤、职业病、失业、疾病、生育和老年时从政府和社会获得保障一定生活水平的固定收入和其他各种补助的权利。社会保障权是我国宪法规定的公民的一项基本权利，旨在保障公民个人和家庭基本生活需要并提高生活水平，实现社会公平和社会进步。

女性的社会保障权是特别强调女性在遭受年老、疾病、伤残、失业风险以及遭受自然灾害等其他风险时，享有从国家、社会和他人获得物质帮助、解决生活困难的权利。由于我国的社会保障制度是以弱势群体为主的，因此女性作为弱势群体之一，除了享有一般意义上的社会保障权之外，还基于自身特殊的生理特征享有不同于男子的特殊社会保障权，如法律赋予女性享有的与其自身密切联系的生育保险权。

第二节　女性劳动及社会保障权的内容

男女平等是我国的一项基本国策，我国相关的法律和行政法规均规定了男女平等，如《宪法》第48条规定："中华人民共和国女性在政治的、经济的、文化的、社会的和家庭的生活等各方面享有与男子平等的权利。国家保护女性的权利和利益，实行男女同工同酬，培养和选拔女性干部。"《婚姻法》第15条规定："夫妻双方都有参加生产、工作、学习和社会活动的自由，一方不得对他方加以限制和干涉。"男女的劳动权与社会保障权平等也是我国法律面前人人平等的应有之意。女性基于其自身的生理特征、社会角色以及历史传统的影响，除了享有与男性一样平等的劳动与社会保障权利以外，还应该享有法律的特殊保护。然而事实上和男子相比，我国女性在社会生产和生活中仍然处于弱势地位，其劳动权和社会保障权受侵害的现象比较多。所以，保障女性不受歧视地享有与男子一样的劳动权及社会保障权是实现男女平等的前提。

目前，我国关于女性劳动及社会保障权利的立法主要有1990年颁布的《女职工禁忌劳动范围的规定》、1992年通过2005年修订的《女性权益保障法》、1994年通过的《劳动法》、2008年先后实施的《中华人民共和国劳动合同法》（以下简称《劳动合同法》）、《中华人民共和国就业促进法》（以下简称《就业促进法》）和《中华人民共和国劳动争议调解仲裁法》（以下简称《劳动争议调解仲裁法》）以及2012年颁布的《女职工劳动保护特别规定》。另外还有1990年我国批准通过的《关于男女工人同工同酬的公约》和1980年我国批准加入的《消除对女性一切形式歧视公约》等。

一、女性劳动权

在女性的各项权利中，劳动权是一项重要的经济权，是女性其他权利的物质基础。具体来说，女性的劳动权主要包括劳动就业权、劳动报酬权、休息休假权、劳动安全卫生权、接受职业技能培训权、提请劳动争议处理权等方面。

（一）劳动就业权

在我国，年满16周岁的女性，依法享有劳动就业的权利，主要包括平等就业和选择职业的权利、招工时不得歧视女性、不得无故辞退女职工，在晋级、晋职、评定专业技术职务等方面，应当坚持男女平等的原则，不得歧视女性。

1. 女性劳动就业权的法律规定

我国制定了一系列有关保护女性就业权的法律法规，形成了以《宪法》《劳动法》《女性权益保障法》等法律为核心的，包括地方法规、部门规章在内的较为完整的保护女性劳动就业权的法律体系。

（1）女性享有与男子平等的就业权，禁止就业中的性别歧视。《宪法》第 48 条规定：“中华人民共和国女性在政治的、经济的、文化的、社会的和家庭的生活等各方面享有同男子平等的权利。国家保护女性的权利和利益，实行男女同工同酬，培养和选拔女性干部。”这些宪法规范是所有反就业歧视法律规范的立法基础，其中公民的平等权内在地包括就业平等权。《劳动法》第 3 条中规定：“劳动者享有平等就业和选择职业的权利。”第 12 条规定：“劳动者就业，不因民族、种族、性别、宗教信仰不同而受歧视。”第 13 条规定：“女性享有与男子平等的就业权利。在录用职工时，除国家规定的不适合女性的工种或者岗位，不得以性别为由拒绝录用女性或者提高对女性的录用标准。”《女性权益保障法》第 22 条规定：“国家保障女性享有与男子平等的劳动权利和社会保障权利。”第 23 条规定：“各单位在录用职工时，除不适合女性的工种或者岗位外，不得以性别为由拒绝录用女性或者提高对女性的录用标准。各单位在录用女职工时，应当依法与其签订劳动（聘用）合同或者服务协议，劳动（聘用）合同或者服务协议中不得规定限制女职工结婚、生育的内容。禁止录用未满 16 周岁的女性未成年人，国家另有规定的除外。”《就业促进法》第 27 条第 1 款和第 2 款明确规定：“国家保障女性享有与男子平等的劳动权利。用人单位招用人员，除国家规定的不适合女性的工种或者岗位外，不得以性别为由拒绝录用女性或者提高对女性的录用标准。”

（2）不得无故辞退女职工，不得因女职工结婚、怀孕等为由，解除与女职工的劳动合同。尤其要禁止在女职工退休时的性别歧视，女职工没达到法定退休年龄的，不得强迫女职工退休，女职工符合退休条件并自愿退休的，不得阻碍女职工退休。根据相关法律规范，企业职工退休的法律情形有：①在实行劳动合同制的企业中，男年满 60 周岁，女满 55 周岁就可退休；②从事井下、高空、高温、特别繁重体力劳动或其他有害身体健康的工作，男年满55周岁、女年满45周岁，连续工龄满10年；③男年满50周岁、女年满45周岁，由医院证明并经劳动鉴定委员会确认为完全丧失劳动能力的；④因工致残，由医院证明并经劳动鉴定委员会确认完全丧失劳动能力的。

（3）晋职、晋级、评定专业技术职务等方面不得歧视女性。《女性权益保障法》第25条对此作了直接规定，第57条第3款还规定："违反本法规定，侵害女性文化教育权益、劳动和社会保障权益、人身和财产权益以及婚姻家庭权益的，由其所在单位、主管部门或者上级机关责令改正，直接负责的主管人员和其他直接责任人员属于国家工作人员的，由其所在单位或者上级机关依法给予行政处分。"《劳动法》第95条规定："用人单位违反本法对女职工和未成年工的保护规定，侵害其合法权益的，由劳动行政部门责令改正，处以罚款；对女职工或者未成年工造成损害的，应当承担赔偿责任。"

《消除对女性一切形式歧视公约》第11条规定："缔约各国应采取一切适当措施，消除在就业方面对女性的歧视，以保证她们在男女平等的基础上享有相同的权利。"2005年我国政府还批准了《1958年消除就业和职业歧视公约》。

此外，国家还及时出台相关政策，以求解决劳动就业性别歧视问题。其中，我国政府制定并发布《中国女性发展纲要（2001—2010年）》明确提出其主要目标之一就是消除就业性别歧视，实现男女平等就业，保障女性劳动权利，女性从业人员占从业人员总数的比例保持在40％以上。并提出了一系列的配套策略和措施，明确指导各级政府要拓宽女性就业渠道，在经济发展和产业结构调整中，充分考虑女性就业的需要，大力发展第三产业特别是社区服务业，为女性创造新的就业机会和就业岗位。提高女性在新兴产业、新兴行业中的就业比例和中、高级专业技术人员中的女性比例。提倡自主就业，鼓励女性自谋职业，支持和引导女性兴办私营、个体企业和发展科技型中小企业，促进女性通过多种形式再就业。

2. 女性就业性别歧视问题

保障女性的劳动就业权，就是保障女性的生存权和发展权。女性只有参加了社会生产劳动，获得经济上的独立，才能实现自身的全面发展。近几年来，尽管我国采用了法律的、行政的和教育的手段，保障女性的劳动就业权，禁止招工、招聘中的性别歧视，但在实践中仍然存在各种问题。

（1）我国女性就业性别歧视的现状。由于我国缺乏专门的反就业歧视立法，因此，我国目前的就业性别歧视还是明显存在的。虽然《就业促进法》明确禁止就业歧视，并特别强调对于就业歧视纠纷可以通过诉讼方式解决，并且如果用人单位在招工简章中公开歧视女性的行为将受到劳动监察部门的查处，但是现在的就业性别歧视出现了一些新变化。

招聘单位使出新花招将明目张胆的就业性别歧视转为比较隐蔽的间接就业性别歧视。如用人单位在招聘广告中不再使用“男士优先”、“不要女性”等字眼，但是他们往往在所收集的招聘简历中，只通知男性面试，或者即使通知女性求职者面试，但之后再找理由将她们淘汰。再如招聘单位不再明说“一旦聘用几年内不准结婚、不准生育”等条件，但是女性求职者的婚姻状况、生育状况也是他们暗暗考量的因素。招聘单位即使聘用女性，但在后来安排工作岗位时表现出了区别对待，如安排女性做收入低廉、技术不强的所谓“女性工作”，使得女性在劳动就业中的收入明显低于男性，在劳动技能培训方面和晋级、晋职方面，也把机会给予男性劳动者。

就业性别间接歧视在认定上较为困难。因为间接歧视主要考虑的是用人单位所采用雇用手段的后果而非意图。我国关于男女退休年龄的规定，也引起了是否对女性构成间接歧视的讨论。根据《国务院关于工人、职员退休处理的暂行规定》《国务院关于安置老弱病残干部的暂行办法》以及《国务院关于工人退休、退职的暂行办法》，我国目前关于退休年龄的规定（具体规定在前面的“劳动就业权”中已经作了详细叙述）使得女性比男性提早退休 5～10 年。

（2）就业性别歧视的原因分析。我国目前存在的五花八门的就业歧视，其原因概括起来有企业方面的、传统观念方面的、社会分工和角色方面的。

1）我国关于就业歧视的立法分散、不完善。目前我国缺乏专门的反就业歧视立法，关于就业歧视的立法主要体现在《宪法》《劳动法》《女性权益保障法》《女职工劳动保护特别规定》等一系列的法律法规和规章当中，难以进行全面细致的规定。虽然《就业促进法》设专章规定“公平就业”，并且明确规定就业歧视纠纷可以通过法院诉讼途径解决，可谓在有关就业歧视立法上取得了明显的进步，但这些规定还是比较原则的，既未明确规定承担何种行政责任和民事责任，也没有规定具体的执行机关。同时，相关监管部门对劳动力市场的监督管理力度不够，法律执行机制不完善，少数地方职能部门对企业特别是私有企业和非正规就业领域疏于监管。另外，还缺少专门处理就业歧视的机构，使得对女性劳动者就业权的保护缺乏力度。

2）关于劳动就业性别歧视纠纷的解决具有局限性。我国当前法律规定的劳动争议受案范围是以劳动者与用人单位已经订立劳动合同或已经建立事实劳动关系为基本前提，而求职阶段的劳动者与招聘单位发生的劳动就业性别歧视争议往往发生在劳动合同签订之前，《劳动法》对用人单位损害劳动者平等就业权的行为缺乏应有的法律约束力。所以一旦发生劳动就业性别歧视纠纷，劳动者只能根据《就业促进法》的规定向法院提起民事诉讼，而不能走劳动争议仲裁程序。

3）我国某些企业盲目追求效率和利润，而忽视了自身所应当承担的社会责任，根本不会意识到或者顾及到女性失业率高的社会问题。

4）女性的社会角色、社会分工及生理特点也是其遭受就业歧视的重要原因。一般情况下，女性承担着生儿育女、照顾老人的重任，要做大量的或全部的家务劳动，这往往耗费她们大量的时间和精力，正是女性的双重角色和双重身份给了女性双重的压力，往往使其不能像男性那样全身心地投入到工作中去。另外女性的退休时间也早于男性，再加之孕期、产期、哺乳期的特殊照顾，必将加大企业的用人成本，所以很多的企业不愿意雇佣女性。

5）我国有着几千年的封建传统文化，男尊女卑、重男轻女、男强女弱、男主外女主内等社会性别意识及传统性别偏见尽管在市场经济及现代思想的影响下有所削弱，但并没有彻底消除。无论是企业的上层管理者还是女性劳动者都或多或少的受到以男性为中心的传统习惯势力的影响，这就造成企业片面夸大女性劳动者的不利因素。而且当家庭和事业发生冲突时，女性劳动者往往放弃后者，把家庭放在第一位，这也是用人单位在招聘时对女性求职者望而却步的一个重要原因。

（3）解决就业性别歧视的对策。就业性别歧视加大了女性劳动者的就业压力，不仅会影响女性劳动者的心理健康，也会浪费社会资源，更重要的是它会破坏社会的公平观念，不利于社会的稳定与和谐发展。针对上述我国就业性别歧视的现状及原因，应当从以下几个方面来加以改善。

1）打破封建传统文化的影响，突破传统的社会分工框架，树立正确的社会性别意识观念。我们应切实贯彻实施男女平等的基本国策，加大对性别平等文化的宣传，在全社会树立尊重女性的文化观念，积极宣扬女性也是半边天，使社会各界充分认识女性在社会主义现代化建设中的重要作用；在学校教育、家庭教育和社会教育中，要积极宣扬新型的社会分工模式，男女共同参加社会劳动，男女共同分担家务劳动，使之代替传统的男主女从的社会角色定位，使女性劳动者充分发挥其创新能力和实践能力。

2）用人单位要增强其社会责任感，积极转变用人观念。企业在经营过程中应当摒弃一味地追求效率和利润最大化，应当把社会责任放在第一位。试想如果一个企业没有社会责任感，见利忘义，置社会利益于不顾，除了自身难以发展以外，还会带来一系列的社会问题。另外，用人单位也应转变用人观念，去除男强女弱的偏见。在市场经济下，女性的能力并不比男性差。中国企业家调查体系最新数据显示，在女企业家经营的企业中，营利企业比重比男性企业家经营的企业多了7.8个百分点，持平企业也多4.3个百分点，而亏损企业则少12.1个百分点。这些都充分说明，女性并不比男性差，女性同样优秀，同样可以给用人单位带来利润与效益。

3）加强立法修改，完善我国平等就业的法律、法规、规章。我国可以借鉴英美等国的经验，制定专门的反就业歧视法。近两年来我国相继通过了《劳动合同法》《就业促进法》和《劳动争议调解仲裁法》，在此基础上再制定统一的反就业歧视法，突出反就业歧视的重要性，增强男女平等就业的观念，强调用人单位在反就业歧视中的义务，充分发挥政府在反就业性别歧视中的作用。对就业性别歧视的概念、种类、范围、法律责任及救济等做出全面的、具体的规定，增强反就业性别歧视的可操作性。对于就业性别歧视的种类可以借鉴英美国家的立法的直接歧视和间接歧视，并制定出判断标准等，以改变目前我国关于反就业性别歧视法律规范的分散性及保护范围的狭小性。

4）推广生育保险，加强生育保险的社会性，建立全国统一的生育保险制度，减少企业承担生育成本的费用，将该成本转为由企业、社会和个人三方承担，促进企业在生育成本上的合理分配。

5）增强劳动监察部门在促进男女平等就业中的作用。由于劳动监察部门具有运用行政权力高效、快捷的优势，劳动监察部门在保护女性劳动权益方面发挥了重要的作用，但以往主要是集中于对在业女性劳动安全卫生保护方面的监督检查，而对于用人单外在招聘中公然的歧视女性现象没有进行直接的干预、监控和处理。应当加强立法的、制度的建设，使其在反就业性别歧视中切实发挥作用。

（二）劳动报酬权

女性享有劳动报酬权是我国《宪法》和《劳动法》中贯彻“按劳分配原则”和“同工同酬原则”的具体体现。按劳分配是我国《宪法》明确规定的社会主义分配原则，同工同酬与之有着密不可分的联系。按劳分配是指按照劳动者完成的劳动数量和质量来确定劳动报酬，付出一样的劳动就应当获得一样的报酬。因此当女性劳动者与男性劳动者完成同质同量的劳动时，法律就保护她们获得与男性一样的劳动报酬。女性有权根据自己的劳动取得相应的报酬，有权要求实行同工同酬，有权要求最低工资保障、工资支付保障，有权要求用人单位依法支付其在法定休息休假期间以及依法参加社会活动期间的工资。女性在劳动过程中取得与男子一样的劳动报酬是女性获得劳动报酬权最主要的权利之一。

尽管我国法律明确规定男女同工同酬，但是在现实中仍然存在一些侵害女性劳动报酬权的现象。当女职工处于孕期时，有些企业虽然没有解雇女职工，但往往以调岗为由，降低女职工的工资，有的甚至以效益差为借口将其工资降到当地最低工资标准以下。另外，一些隐性的同工不同酬还是很多的。如当一个女职工和男职工做同样的工作，同样的优秀，他们拿到的报酬也一样，但是在提级的时候往往因为性别的原因把机会给予男职工，而女职工也完全够资格，工资却得不到提升时，这种状况就造成了实质上的同工不同酬。在一些女职工聚集较多的纺织、服装、出口加工企业，由于赶订单、赶任务，加班加点成为家常便饭，而企业在这样的特殊情况下往往不能按照法律的规定支付女性加班费，进而侵犯了她们的劳动报酬权。另外，一些企业无故拖欠和恶意克扣工资的情形也比较严重。

劳动报酬权是劳动权的核心，是人权的重要内容之一。我国法律关于女性劳动报酬的保护主要体现在四个方面，即男女同工同酬、最低工资保障制度、女职工的工资权益和侵犯女性劳动报酬权的法律责任。

1. 同工同酬

要切实保障女性的劳动报酬权，在立法以及实践中最主要的就是强调男女同工同酬。所谓同工同酬，是指用人单位对于从事相同的工作，付出等量劳动且取得相同劳绩的劳动者，应当支付同等的劳动报酬。更具体地说，男女同工同酬就是要保证女职工在工资支付形式、支付时间、支付对象、延长工作时间的工资支付以及特殊情况下的工资等方面与男职工有平等的工资收益权。用人单位支付工资必须以货币的形式支付给女性，且要定期支付，不能无故拖延。技术改进奖金、翻译费、稿费、讲课费等不能代替工资，以实物、有价证券支付工资也是属于严重违反《劳动法》的行为。我国的《宪法》第48条第2款规定："国家保护女性的权利和利益，实行男女同工同酬，培养和选拔女性干部。"《劳动法》也明确强调实行同工同酬。《女性权益保障法》第24条特别强调"实行男女同工同酬，女性在享受福利待遇方面享有与男子平等的权利"。我国已经批准加入的第100号《国际劳工公约》也规定："对男女工人同等价值的工作给予同等报酬。"我国于1990年批准加入的《关于男女工人同工同酬的公约》解释："男女工人同工同酬指报酬率的订定，不得有性别上的歧视。"

2. 最低工资标准保障

最低工资标准是国家依法制定的，当职工在法定工作时间内或依法签订的劳动合同约定的工作时间内，提供了正常劳动的前提下，用人单位在最低限度内应当支付的足以维持职工及其平均供养人口基本生活需要的劳动报酬，即工资的法定最低限额。根据《最低工资规定》第8条的规定："最低工资标准的确定和调整方案，是由省、自治区、直辖市人民政府劳动保障部门会同同级工会、企业联合会、企业家协会研究拟定，并将拟订的方案报送劳动保障部。另外，最低工资标准是不包括以下几个方面的：加班加点工资；中班、夜班、高温、低温、井下、有毒有害等特殊工作环境、条件下的津贴；国家法律、法规和政策规定的劳动者保险、福利待遇；用人单位通过贴补伙食、住房等支付给劳动者的非货币性收入。”

3. 特殊情况下工资支付

根据《劳动法》以及《工资支付暂行规定》的相关规定，如果用人单位依法安排劳动者在法定标准工作时间以外延长工作时间的，按照不低于劳动合同约定的劳动者本人小时工资标准的150%支付劳动者工资；用人单位依法安排劳动者在休息日工作，而又不能安排补休的，按照不低于劳动合同约定的劳动者本人日或者小时工资标准的200%支付劳动者工资；用人单位依法安排劳动者在法定休假日工作的，按照不低于劳动合同约定的劳动者本人日或者小时工资标准的300%支付劳动者工资。

4. 其他劳动报酬

(1) 带薪休假中的劳动报酬。女性在法定节日、年休假、婚假、丧假、探亲假以及依法参加活动期间，用人单位应当依法支付工资。根据《工资支付暂行规定》中劳动者依法参加社会活动，用人单位应当支付工资的情形包括：依法行使选举权和被选举权；当选代表出席乡（镇）、区以上政府、党派、工会、青年团、女性联合会等组织召开的会议；出任人民法庭证明人；出席劳动模范、先进工作者大会；《中华人民共和国工会法》（以下简称《工会法》）规定的不脱产工会基层委员会委员因工会活动占用的生产或工作时间；其他依法参加的社会活动。

(2) 职工冬季取暖补贴、上下班交通费补贴。职工冬季取暖补贴标准是由地方政府按职工工资的一定比例确定，可随着社会经济发展水平进行适时调整。职工上下班交通费补贴由单位从管理费中支出。

5. 侵犯女性劳动报酬权的法律责任

我国法律规定了侵犯女性劳动报酬权的法律责任。根据《劳动法》第91条的规定：“侵犯女性劳动报酬权的，由劳动行政部门责令改正，并支付赔偿金。”1994年发布的《违反和解除劳动合同的经济补偿办法》第4条规定：“用人单位支付劳动者的工资报酬低于当地最低工资标准的，要在补足低于标准部分的同时，另外支付相当于低于标准部分25%的经济补偿金。”如果是在2008年1月1日《劳动合同法》施行后签订的劳动合同，经济补偿办法按《劳动合同法》的规定执行。

用人单位应依法支付女性工资，对于女性加班加点等延长劳动时间的，应当依法支付相当的劳动报酬。《劳动法》第50条规定：“工资应当以货币形式按月支付给劳动者本人。不得克扣或无故拖欠劳动者的工资。”第51条规定：“劳动者在法定休假日和婚丧假期间以及依法参加社会活动期间，用人单位应当依法支付工资。”

6. 保障女性劳动报酬权的措施

企业在发展过程中，首先要对男女执行同样的最低工资标准规定。而不是以解除合同为威胁，支付女性低于最低工资标准的工资。

要切实保护处于孕期女职工的劳动报酬权。既不能解除合同，也不能降低工资。

用人单位无故拖欠和恶意克扣女职工工资甚至拒绝支付工资的，除了承担行政责任和民事责任外，建议加大处罚力度，可以在以后的立法中增加其刑事责任。

加强行政监管力度，发挥社会监督作用，尤其可以通过新闻媒体对侵犯女性劳动报酬权的企业进行曝光，形成社会舆论，使整个社会形成一种尊重女性劳动价值、维护女性劳动权益的氛围，从而使女性在整个社会中获得一种真正意义上的平等。

（三）休息休假权

休息休假权又称休息权，是宪法规定的公民的基本权利，也是劳动法规定的劳动者应当享有的权利。我国法律法规保障男女职工享有平等的休息休假权。女性的休息休假权是指女性在国家规定的法定工作时间外自行支配的时间，包括女性工作间隙休息、每天休息的时数、每周休息的天数以及公休节假日、带薪年休假、探亲假等。

1. 女性休息休假权的一般规定

（1）日休息时间。女性同男职工一样享有标准工作日之外的休息时间。1995 年修改的《国务院关于职工工作时间的规定》第 3 条规定："职工每日工作 8 小时，每周工作 40 小时。"也就是说每日 24 小时，除了 8 小时之外，其余的 16 小时都属于劳动者的休息休假时间，由劳动者个人进行自由支配。禁止用人单位随意延长女职工的劳动时间。《劳动法》第 41 条规定："用人单位由于生产经营需要，经与工会和劳动者协商后可以延长工作时间，一般每日不得超过 1 小时；因特殊原因需要延长工作时间的，在保障劳动者身体健康的条件下延长工作时间每日不得超过 3 小时，但是每月不得超过 36 小时。"

（2）周休息时间。周休息时间又称公休假日休息，是指劳动者在一周内享有的连续休息一天以上的休息时间。《劳动法》第 38 条规定："用人单位应当保证劳动者每周至少休息 1 日。"根据修改后的《国务院关于职工工作时间的规定》，我国目前基本上已经实行"五天工作制"。企业职工每周工作时间之外可以连续休息两天，一般安排在周六和周日。

（3）法定节假日。女性享有法定节假日休息权。节日休息是指由国家法律法规统一规定的用以开展纪念、庆祝活动和休息的时间。根据《劳动法》第 40 条的规定："每逢元旦、春节、国际劳动节、国庆节和法律法规规定的其他法定休假节日，用人单位应当依法安排劳动者休假。"2007 年国务院修订的《全国年节及纪念日放假办法》规定："元旦（1 月 1 日）、清明节（农历清明当日）、劳动节（5 月 1 日）、端午节（农历端午当日）、中秋节（农历中秋当日）各放假 1 天，春节（农历除夕、正月初一、初二）和国庆节（10 月 1 日、2 日、3 日）各放假 3 天。"根据该办法第 6 条的规定："如果上述节日适逢星期六、星期日的，应当在工作日补假。"该办法第 4 条规定："少数民族习惯的节日，由各少数民族聚居地区的地方人民政府，按照各民族习惯，规定放假日期。"女职工如果为少数民族的当然也可以享受。

（4）带薪年休假。女职工同男职工一样平等的享有带薪年休假的权利。《劳动法》第 45 条规定："国家实行带薪年休假制度。劳动者连续工作 1 年以上的，享受带薪年休假。具体办法由国务院规定。"2007 年 12 月国务院颁布的《职工带薪年休假条例》规定："职工累计工作已满 1 年不满 10 年的，年休假 5 天；已满 10 年不满 20 年的，年休假 10 天；已满 20 年的，年休假 15 天。对职工应休未休的年休假天数，单位应当按照该职工日工资收入的 300％支付年休假工资报酬。另外，带薪年休假期间如遇到法定节假日的应往后顺延。"

（5）探亲假。女职工依法享有探亲假的权利。根据《国务院关于职工探亲待遇的规定》，探亲假的具体假期为：职工探望配偶的，每年给予一方探亲假一次，假期为 20 天。如果因为工作需要，本单位不能给予假期，或者职工自愿两年探亲一次，可以两年给假一次，假期为 45 天。已婚职工探望父母的，每四年给假一次，假期为 20 天。探亲假中如遇周末的，也应将其算在探亲假内。职工探望配偶和未婚职工探望父母的往返路费，由所在单位负担。已婚职工探望父母的往返路费，在本人月标准工资 30％以内的，由本人自理，超过部分由所在单位负担。

（6）法律责任。《劳动法》第 90 条规定："用人单位违反本法规定，延长劳动者工作时间的，由劳动行政部门给予警告，责令改正，并可以处以罚款。"第 91 条还规定："用人单位拒不支付劳动者延长工作时间工资报酬的，由劳动行政部门责令支付劳动者的工资报酬、经济补偿，并可以责令支付赔偿金。"

1995 年 1 月 1 日开始实施的《违反〈中华人民共和国劳动法〉行政处罚办法》第 4 条规定："用人单位未与工会和劳动者协商，

强迫劳动者延长工作时间的，应给予警告，责令改正，并可按每名劳动者每延长工作时间一小时罚款一百元以下的标准处罚。”第5条规定：“用人单位每日延长劳动者工作时间超过三小时或每月延长工作时间超过三十六小时的，应给与警告，责令改正，并可按每名劳动者每超过工作时间一小时罚款一百元以下的标准处罚。”根据1995年《关于贯彻执行〈中华人民共和国劳动法〉若干问题意见》第71条的规定：“如果企业违反法律、法规强迫劳动者延长工作时间的，劳动者有权拒绝。若由此发生劳动争议，可以提请劳动争议处理机构予以处理。”

2. 女性休息休假权的特殊规定

根据2008年1月1号开始实施的《全国年节及纪念日放假办法》第3条的规定：“妇女节（3月8号），妇女放半天假。”根据该办法第6条的规定：“如果3月8日适逢周六、周日则不安排补休。任何人、任何单位都不得剥夺女性的该项法定权利。”此外，我国法律还规定了女性在经期、孕期、产期和哺乳期的休息休假权，即对女性“四期”的特殊保护。

（1）经期休息、休假权。1993年卫生部、原劳动部、原人事部、全国总工会、全国妇联联合颁发的《女职工保健工作规定》明确规定，患有重度痛经及月经过多的女职工，经医疗或妇幼保健机构确诊后，月经期间可适当给予1至2天的休假。

（2）孕期休息、休假权。根据《女职工劳动保护特别规定》，女职工在孕期不能适应原劳动的，用人单位应当根据医疗机构的证明，予以减轻劳动量或者安排其他能够适应的劳动。对怀孕7个月以上的女职工，用人单位不得延长劳动时间或者安排夜班劳动，并应当在劳动时间内安排一定的休息时间。怀孕女职工在劳动时间内进行产前检查，所需时间计入劳动时间。

另外，1993年发布的《女职工保健工作规定》对怀孕女职工的劳动保护作了更为具体的规定，其中女职工较多的单位应建立孕妇休息室。妊娠满7个月应给予工间休息或适当减轻工作；从事立位作业的女职工，妊娠满7个月后，其工作场所应设立工间休息座位。

(3) 产期休息、休假权。《女职工劳动保护特别规定》第7条规定："女职工生育享受98天产假，其中产前可以休假15天；难产的，增加产假15天；生育多胞胎的，每多生育1个婴儿，增加产假15天。"所谓产前假15天，系指预产期前15天的休假。产前假一般不得放在产后使用。若孕妇提前生产，可将不足的天数和产后假合并使用；若孕期推迟生产，可将超出的天数按病假处理。另外休产假不能提前或推后。至于教师产假正值寒暑假期间，能否延长寒暑假的时间，则由主管部门确定。

另外，根据相关法律规定，晚育者产假可以适当延长。《中华人民共和国人口与计划生育法》（以下简称《计划生育法》）第25条规定："公民晚婚晚育，可以获得延长婚假、生育假的奖励或者其他福利待遇。"因此，大部分的省、自治区、直辖市在此基础上又对晚育女性规定了晚育假，即在法定产假的基础上给予适当延长产假的奖励，各省规定并不一致。

对于流产假，根据《女职工劳动保护特别规定》，"女职工怀孕未满4个月流产的，享受15天产假；怀孕满4个月流产的，享受42天产假。"

(4) 哺乳期休息、休假权。哺乳期是指女职工在哺乳不满一周岁婴儿的期间。根据《劳动法》第63条的规定："处于哺乳期的女职工不得延长劳动时间，不得安排夜班劳动。"对于女职工上班期间哺乳婴儿的时间，国务院《女职工劳动保护特别规定》第9条明确规定："对哺乳未满1周岁婴儿的女职工，用人单位不得延长劳动时间或者安排夜班劳动。用人单位应当在每天的劳动时间内为哺乳期女职工安排1小时哺乳时间；女职工生育多胞胎的，每多哺乳1个婴儿每天增加1小时哺乳时间。"

(四) 劳动安全卫生保护权

劳动安全卫生法律制度是指国家为了保护劳动者的生命安全和身体健康而制定的各种法律规范的总称，包括劳动安全法律制度、劳动卫生法律制度和企业安全卫生管理制度。女性享有与此相关的法律保护。具体而言，包括以下权利：对用人单位管理人员违章指挥，强令冒险作业，女性有拒绝执行的权利；对危害生命安全和身体健康的行为，女性有权提出批评、检举和控告；从事有职业危害作业的女性，有权要求进行定期健康检查；职业禁忌症患者有权要求不从事所禁忌的工作；职业病患者有权要求及时治疗并调离原岗位。此外，女性还享有特殊的劳动安全卫生保护，如“四期”保护和女性禁忌劳动范围的保护。

1. 女性劳动安全卫生权的一般规定

女职工作为劳动者享有的一般劳动安全卫生保护权体现在用人单位的义务和女职工享有的权利两个方面。

(1) 用人单位必须建立、健全劳动安全卫生制度，严格执行国家劳动安全卫生标准，对劳动者进行劳动安全卫生教育，防止劳动过程中的事故，减少职业危害；用人单位的劳动安全卫生设施必须与主体工程同时设计、同时施工、同时投入生产和使用；用人单位必须为女职工提供符合国家规定的劳动安全卫生条件和必要的劳动保护用品，对从事有职业危害的女职工应当定期进行健康检查。

(2) 对女职工有权知道所从事的工作可能对身体健康造成的危害和可能发生的不安全事故，用人单位应当及时告知；女职工对用人单位管理人员违章指挥、强令冒险作业，有权拒绝执行；对危害生命安全和身体健康的行为，有权提出批评、检举和控告。

2. 女性劳动安全卫生权的特殊规定

目前，我国已经形成了一定层次的劳动安全卫生保护体系。《宪法》关于劳动安全卫生保护的规定居于最高层次；《劳动法》关于劳动安全卫生保护的专章规定居于第二层次；《中华人民共和国安全生产法》《职业病防治法》等综合性基本法属于第三层次；而像一些专门性的基本法（法律或行政法规），如《中华人民共和国矿山安全法》属于第四层次；单项规章（部门规章）属于第五层次。

关于女职工的劳动安全卫生特殊保护，主要体现在职业性侵害和禁忌劳动范围两个大的方面。

（1）女职工经期劳动安全卫生保护。《劳动法》第60条规定："不得安排女职工在经期从事高处、低温、冷水作业和国家规定的第三级体力劳动强度的劳动。"《女性权益保障法》第26条规定："任何单位均应根据女性的特点，依法保护女性在工作和劳动时的安全和健康，不得安排不适合女性从事的工作和劳动。女性在经期、孕期、产期、哺乳期受特殊保护。"《女职工禁忌劳动范围的规定》第4条规定："女职工在月经期间禁忌从事的劳动范围有食品冷冻库内及冷水等低温作业；第Ⅲ级体力劳动强度的作业；第Ⅱ级（含Ⅱ级）以上的高处作业。"另外，根据《女职工保健工作规定》第7条的规定："应宣传普及月经期卫生知识；女职工在100人以上的单位，应逐步建立女职工卫生室，健全相应的制度并设专人管理，对卫生室管理人员应进行专业培训。女职工每班在100人以下的单位，应设置简易的温水箱及冲洗器；对流动、分散工作单位的女职工应发放单人自用冲洗器；女职工在月经期间不得从事《女职工禁忌劳动范围的规定》中第4条所规定的作业。"

（2）孕期女职工劳动安全卫生保护。《女职工劳动保护特别规定》第6条规定："女职工在孕期不能适应原劳动的，用人单位应当根据医疗机构的证明，予以减轻劳动量或者安排其他能够适应的劳动。对怀孕7个月以上的女职工，用人单位不得延长劳动时间或者安排夜班劳动，并应当在劳动时间内安排一定的休息时间。"根据《职业病防治法》第35条的规定："用人单位不得安排孕期、哺乳期的女职工从事对本人和胎儿、婴儿有危害的作业。"《女职工禁忌劳动范围的规定》第5条规定："已婚待孕女职工禁忌从事的劳动范围：铅、汞、苯、镉等作业场所属于《有毒作业分级》标准中第Ⅲ、Ⅳ级的作业。”第6条规定：“怀孕女职工禁忌从事的劳动范围：①作业场所空气中铅及其化合物、汞及其化合物、苯、镉铍、砷、氰化物、氮氧化物、一氧化碳、二硫化碳、氯己内酰胺、氯丁二烯、氯乙烯、环氧乙烷、苯胺、甲醛等有毒物质浓度超过国家卫生标准的作业；②制药作业中从事抗癌药物及乙烯雌酚生产的作业；③作业场所放射性物质超过《放射防护规定》中规定剂量的作业；④人力进行的土方和石方作业；⑤《体力劳动强度分级》标准中第Ⅲ级体力劳动强度的作业；⑥伴有全身强烈振动的作业，如风钻、捣固机、锻造等作业，以及拖拉机驾驶等；⑦工作中需要频繁弯腰、攀高、下蹲的作业，如焊接作业；⑧《高处作业分级》标准所规定的高处作业。”

（3）产期女职工劳动安全卫生保护。1988年《劳动部关于女职工生育待遇若干问题的通知》中规定，女职工怀孕在本单位的医疗机构或者指定的医疗机构检查和分娩时，其检查费、接生费、手术费、住院费和药费由所在单位负担，费用由原医疗经费渠道开支。女职工产假期满，因身体原因不能工作的，经过医务部门证明后，其超过产假期间的待遇，按照职工患病的有关规定处理。《女职工劳动保护特别规定》第10条规定：“女职工比较多的用人单位应当根据女职工的需要，建立女职工卫生室、孕妇休息室、哺乳室等设施，妥善解决女职工在生理卫生、哺乳方面的困难。”

（4）哺乳期女职工劳动安全卫生保护。《劳动法》第63条规定：“不得安排女职工在哺乳未满1周岁的婴儿期间从事国家规定的第三级体力劳动强度的劳动和哺乳期禁忌从事的其他劳动，不得安排其延长工作时间和夜班劳动。”根据《女职工禁忌劳动范围的规定》第7条的规定：“女职工在哺乳期内禁忌从事的范围包括：作业场所空气中铅及其化合物、汞及其化合物、苯、镉铍、砷、氰化物、氮氧化物、一氧化碳、二硫化碳、氯、己内酰胺、氯丁二烯、氯乙烯、环氧乙烷、苯胺、甲醛等有毒物质浓度超过国家卫生标准的作业；《体力劳动强度分级》标准中第Ⅲ级体力劳动强度的作业；作业场所空气中锰、氟、溴、甲醇、有机磷化合物、有机氯化合物的浓度超过国家卫生标准的作业。”《女职工劳动保护特别规定》第 5 条规定：“用人单位不得因女职工怀孕、生育、哺乳降低其工资、予以辞退、与其解除劳动或者聘用合同。”

(5) 女职工禁忌劳动范围的规定。根据《劳动法》《女职工劳动保护特别规定》和《女职工禁忌劳动范围的规定》，女职工禁止从事下列劳动。

1）矿山井下作业系指常年在矿山井下从事各种劳动，不包括临时性的工作，如医务人员下矿井进行治疗和抢救等。

2）森林业伐木、归楞及流放作业。

3）《体力劳动强度分级》标准中第Ⅳ级体力劳动强度的作业，如矿山、钢铁厂的装卸工等。

4）建筑业脚手架的组装和拆除作业，以及电力、电信行业的高处架线作业。

5）连续负重（指每小时负重次数在 6 次以上）每次负重超过 20 公斤，间断负重每次负重超过 25 公斤的作业。

6）已婚待孕女职工禁忌从事的劳动范围：铅、汞、苯、镉等作业场所属于《有毒作业分级》标准中第Ⅲ级、第 IV 级的作业。

另外，《劳动法》第 59 条规定的“禁止女性从事其他禁忌的劳动”，主要是指劳动环境恶劣的工作，如野外作业、高温、低寒、有毒等不适宜女性从事的劳动。

女职工在享受特殊劳动保护的同时也应自觉加强自我保护。应当严格遵守用人单位的规章制度，自觉使用劳动防护用品，时时注意危及健康的不安全因素。

（五）接受职业技能培训权

职业技能培训主要是指根据社会职业的要求以及女性择业的意愿，对求职的和在职的女性进行的旨在提高其专业技术知识和实际操作技能的教育和训练。接受职业培训可以提高广大劳动女性的劳动技能和个人能力，增强其就业竞争力。

《劳动法》第66条规定："国家通过各种途径，采取各种措施，发展职业培训事业，开发劳动者的职业技能，提高劳动者素质，增强劳动者的就业能力和工作能力。"第68条规定："用人单位应当建立职业培训制度，按照国家规定提取和使用职业培训经费，根据本单位实际，有计划地对劳动者进行职业培训。从事技术工种的劳动者，上岗前必须经过培训。"《女性权益保障法》第20条规定："各级人民政府和有关部门应当采取措施，根据城镇和农村女性的需要，组织女性接受职业教育和技术培训。"

（六）提请劳动争议处理权

当女性与用人单位发生纠纷时，女性有权通过法律途径提请劳动争议处理。女性可以依法申请调解、仲裁、提起诉讼，也可以协商解决。

除上述六项劳动权利以外，女性还享有参加工会组织与企业民主管理的权利、集体协商的权利以及创造性工作受鼓励和帮助权等。

二、女性社会保障权

社会保障被形象地称为"社会的安全阀"，能够维护社会的稳定和促进经济的发展，是构建和谐社会的重要组成部分。女性的社会保障权是《女性权益保障法》在2005年修改时所着重强调的一项女性的重要权利。国家大力发展社会保障制度，利用财政资金、公民缴费以及社会和个人捐赠资金等给予遭受年老、疾病、伤残、失业等风险的女性物质帮助。由于我国近几年女性就业难、下岗失业多，对女性社会保障权的保护更显必要。

一般而言，女性的社会保障权包括社会保险权、社会救助权、社会福利权和医疗卫生权等。具体来说，社会保险是指国家通过立法手段，建立社会保险基金，在劳动者遇到年老、疾病、伤残、失业等风险时，从社会保险基金中获得物质帮助以保障基本生活的一种制度。社会保险包括养老保险、医疗保险、失业保险、工伤保险和生育保险。

社会救助是指没有参加社会保险的女性遇到年老、疾病、伤残或其他生活困难或者虽然已经参加社会保险但所获得的社会保险待遇仍不足以维持基本生活时，从国家和社会获得帮助的一种社会政策。

社会福利权是指国家和社会通过建立必要的设施和提供必要的帮助保障女性享有的必要的生活服务并促使其生活质量不断改善的一种社会政策，如城市通过建立社会福利院对特定对象提供服务；女性同男职工一样享有带薪休假权、冬季取暖补贴、上下班交通补贴，以及住房公积金、住房补贴等其他福利待遇。

医疗卫生权是指国家和社会通过建立医疗卫生机构、培养医疗卫生人员和发展药品产业以及建立医疗保险制度、提供计划生育服务和加强疾病控制等公益性、服务性的事业，保障女性身体健康、提高女性生活质量的一种社会政策。

此外，国家还提倡和鼓励为帮助女性而开展的社会公益活动。帮助女性的社会公益活动是指国家举办的、社会自发举办的各种非营利组织针对遭遇贫困、侵害等种种困难的女性所提供的无偿的支持和援助活动。如妇儿工委和国务院扶贫办针对贫困母亲于2005年1月启动的“中国母亲援助”活动；全国妇联、妇儿工委针对西部贫困母亲于2003年开展的“母亲健康快车”活动；全国妇联从1996年开始为贫困女性提供的小额循环扶贫项目和从2000年起为改善女性生活环境而开展的“大地之爱·母亲水窖”项目；中国人口福利基金会、中国计划生育协会和中国人口报社于1995年年初共同发起的“幸福工程——救助贫困母亲行动”；以及全国妇联及其他各种非营利组织为女性提供的法律援助、生活救助等方面的活动等。

（一）女性社会保障权的一般规定

早在1952年国际劳工局通过了《社会保障最低标准公约》（102号公约），为世界各国制定社会保障政策提供了依据。我国2001年加入的《经济、社会及文化权利国际公约》第9条规定："本公约缔约各国承认人人有权享受社会保障，包括社会保险。"根据该公约第10条的规定，缔约各国承认，对母亲，在产前和产后的合理期间，应给以特别保护，在此期间，对有工作的母亲应给以有薪假期或有适当社会保障福利金的休假。

我国《宪法》第14条、第44条和第45条对公民的社会保障权作了原则性规定，其中第14条第4款规定："国家建立健全同经济发展水平相适应的社会保障制度。"第44条规定："国家依照法律规定实行企业事业组织的职工和国家机关工作人员的退休制度。退休人员的生活受到国家和社会的保障。"第45条规定："中华人民共和国公民在年老、疾病或者丧失劳动能力的情况下，有从国家和社会获得物质帮助的权利。国家发展为公民享受这些权利所需要的社会保险、社会救济和医疗卫生事业。国家和社会保障残废军人的生活，抚恤烈士家属，优待军人家属。国家和社会帮助安排盲、聋、哑和其他有残疾的公民的劳动、生活和教育。"根据上述规定，我国先后出台了一系列法律、行政法规和政策性文件。社会保险方面主要有：1994年《劳动法》（对社会保险作了专章规定）、1997年《国务院关于建立统一的企业职工基本养老保险制度的决定》、1998年《国务院关于建立城镇职工基本医疗保险制度的决定》、1999年《社会保险费征缴暂行条例》、2003年《工伤保险条例》。社会救助方面的主要有：1994年《农村五保供养工作条例》（2006年修改）、1999年《城市居民最低生活保障条例》。医疗卫生方面的主要有：1989年《中华人民共和国传染病防治法》（2004年修改，以下简称《传染病防治法》）、1994年《母婴保健法》、2001年《中华人民共和国职业病防治法》、1998年《中华人民共和国执业医师法》、2001 年《中华人民共和国药品管理法》等以及《关于2008 年调整企业退休人员基本养老金的通知》等。我国对社会保障制度的每一次转变和完善都惠及了女性同胞。

(二) 女性社会保障权的特殊规定

目前，我国基本形成了以社会保险为主体，包括社会救助、社会福利、优抚安置、住房保障和社会慈善事业在内的社会保障制度框架。就社会保险制度来说，女性处于老、弱、病、困时除了享受同男子一样的医疗保险、失业保险、工伤保险、养老保险以外，还享有带有更明显的女性特征的社会保险体制，即生育保险。

《劳动法》第 70 条和第 73 条规定，国家发展社会保险事业，建立社会保险制度，设立社会保险基金，使劳动者在年老、患病、工伤、失业、生育等情况下获得帮助和补偿。劳动者在下列情形下，依法享受社会保险待遇：退休、患病、负伤、因工伤残或者患职业病、失业、生育。

根据 1994 年原劳动部发布的《企业职工生育保险试行办法》的规定，企业按不超过工资总额 1%的资金向劳动部门所属的社会保险经办机构交纳生育保险费（职工个人不交纳生育保险费），社会保险经办机构负责生育保险基金的收缴、支付和管理；生育保险基金支付项目包括生育津贴、与生育有关的医护费用和管理费，其中，生育津贴按本企业上年度职工月平均工资计发。

《中国女性发展纲要（2001—2010 年）》在“女性与经济”这一部分明确提出生育保险的目标，即女性享有与男子平等的社会保障权利，城镇职工生育保险覆盖面达到 90%以上。在策略措施中提到进一步完善社会保障体系，积极推动在不同所有制经济实体就业的、不同收入层次的女性按照国家规定参加社会保险，确保女性在参与经济发展中接受有效服务；女性享有与男子平等参加城镇职工基本养老保险、基本医疗保险、失业保险、工伤保险、生育保险的权利；普遍建立城镇职工生育保险制度，完善相关配套措施，切实保障女职工生育期间的基本生活和医疗保健需求。并进一步强调加强产科建设，创造住院分娩条件，使全国孕产妇死亡率以2000年为基数下降1/4。农村孕产妇住院分娩率达到65%，高危孕产妇住院分娩率达到90%以上。住院分娩确有困难的边远地区，消毒接生率达到95%以上。还要以生殖健康教育为中心，普及生殖保健、优生优育、避孕节育知识，生殖保健知识普及率和育龄人口计划生育知识普及率达到80%以上。从而将生育保险覆盖面扩大到城镇各类企业，完善至各个方面。

《女性权益保障法》第29条规定："国家推行生育保险制度，建立健全与生育相关的其他保障制度。地方各级人民政府和有关部门应当按照有关规定为贫困女性提供必要的生育救助。"

另外，《关于女职工生育待遇若干问题的通知》和《女职工劳动保护特别规定》对女职工产假、产假期间待遇以及适用范围等问题做出了一系列规定。

（三）女性的生育保险权

生育保险是我国社会保险中的一个种类，与女性的权益保障有着直接而紧密的关系，具有重要的社会价值。生育保险是指国家通过社会保险立法，对因生育或者计划生育而暂时丧失劳动能力的女性，给予经济、物质等方面帮助的一种社会保障制度，体现了国家和社会对处于特殊时期的女职工的特殊保护。

《劳动法》第70条规定："国家发展社会保险事业，建立社会保险制度，设立社会保险基金，使劳动者在年老、患病、工伤、失业、生育等情况下获得帮助和补偿。"《女性权益保障法》第29条规定："国家推行生育保险制度，建立健全与生育相关的其他保障制度。地方各级人民政府和有关部门应当按照有关规定为贫困女性提供必要的生育救助。"《企业职工生育保险试行办法》于1995年1月1日开始实施，系统规定了生育保险的适用范围，生育保险费用的缴纳、使用，生育保险的内容，以及企业不缴纳生育保险的法律责任。该办法明确规定生育保险按属地、原则组织，生育保险费用实行社会统筹，职工个人不缴纳生育保险费用。《关于女职工生育待遇若干问题的通知》规定，①女职工怀孕不满 4 个月流产时，应当根据医务部门的意见，给予 15 天至 30 天的产假；怀孕满 4 个月以上流产时，给予 42 天产假。产假期间，工资照发。②女职工怀孕在本单位的医疗机构或者指定的医疗机构检查和分娩时，其检查费、接生费、手术费、住院费和药费由所在单位负担，费用由原医疗经费渠道开支。③女职工产假期满，因身体原因仍不能工作的，经医务部门证明后，其超过产假期间的待遇，按照职工患病的有关规定处理。《女职工劳动保护特别规定》、《女职工保健工作规定》等都对女职工处于经期、孕期、产期、哺乳期的待遇及保护等方面作了明确规定。此外，《中国女性发展纲要（2001—2010 年）》在主要目标中提出：女性享有与男子平等的社会保障权利。城镇职工生育保险覆盖面达到 90%以上。并在社会保障与服务中进一步强调：普遍建立城镇职工生育保险制度，完善相关配套措施，切实保障女职工生育期间的基本生活和医疗保健需求。

1. 生育保险的内容

根据以上生育保险的相关法律规范，我国生育保险的内容可以概括为产假、生育津贴和生育医疗服务及费用三大方面。

（1）产假。产假是女职工在分娩前、分娩后或流产期间依据生育保险的法律法规所享受的法定有薪假期。按照《劳动法》《女职工劳动保护特别规定》和《关于女职工生育待遇若干问题的通知》的有关规定，我国假期制度目前分为分娩产假和流产产假两种。

（2）生育津贴。职业女性既要从事社会劳动，又要担负起人类自身再生产的任务，她们在怀孕、分娩和育婴期间，如果不能参加劳动而丧失收入，必然降低其生活水平，所以产假和生育津贴相辅相成构成生育保险待遇的主干。

生育津贴又称现金津贴，是指女职工因生育或流产后暂时离开工作岗位，不再从事有报酬工作以致收入中断时，对其按照生育保险的法律法规及时给予定期的现金补助，以维护和保障女性及婴儿的正常生活。我国的生育津贴原称为产假工资，在1994年改为生育津贴，以便与国际通用术语衔接。作为保障女性权益的一项措施，生育津贴已经越来越受到国际社会和我国政府的重视。由于生育保险在我国还未全国性的铺开，所以目前我国形成了生育保险的“双轨制”，即已经参与生育保险社会统筹的地区，按本企业上年度职工月平均工资为基数计发生育津贴；没有开展生育保险社会统筹的地区，按本人生育前的基本工资为基数计发“产假工资”。

生育保险社会统筹具体是指由社会统筹生育基金，其缴纳办法就是由企业按照工资总额的一定比例向社会保险经办机构缴纳生育保险费，建立生育保险基金，提取比例由当地政府决定，但最高不得超过工资总额的1%。个人不缴纳生育保险。

（3）生育医疗服务及费用。医疗服务是指由医院、开业医生或助产士为职工女性提供的妊娠、分娩和产后的医疗照顾以及必须的住院治疗。具体如孕产期保健检查、分娩接生、孕产期异常现象的早期发现和诊断、必要的药物供应和住院治疗等，这些都主要是以基本医疗保健的载体方式提供。

生育医疗服务费又称生育医疗保健费，是指医疗机构向处于妊娠、分娩及产后女性提供的医疗护理费用，主要包括检查费、接生费、手术费、住院费、药费五类，俗称五费。其中药费的报销范围仅限于国家规定的治疗药品，营养费、滋补品以及婴儿使用药品费用均不予报销。另外，已经实行生育保险社会统筹的地区，除了以上五费以外，还包括因生育引起的疾病的医疗费，并且以上六类费用都由生育保险基金支付，否则只能由女职工所在单位支付。

另外，生育保险还包括其他具体内容：产前产后工时津贴，如女职工孕期检查、产后哺乳时间计作劳动时间而发生的时间津贴；孕期工作量减免，如不上夜班、减轻工作量不减工资；母婴保护设施，如哺乳室、托儿所、幼儿园；女性就业保障，即保障女职工不会因为生育而遭解雇等。

2. 生育保险的特征

生育保险与养老保险、医疗保险、工伤保险、失业保险一起构成了我国重要的社会保险制度。与其他的四大社会保险相比，我国的生育保险主要有以下特征：

（1）生育保险带有明显的性别特征。无论是生育保险的立法宗旨还是生育保险的内容，其出发点都是为了保障女职工的权利，涉及她们的就业权、劳动权和身体健康权等。

（2）生育保险不局限于现金保障，还为广大的女职工提供医疗保健服务和其他的物质帮助。生育保险基金由企业按照一定的比例向社会保险经办机构缴纳，职工个人并不缴纳。同其他四种社会保险相比，生育保险基金规模较小，缴纳时间比较短。

（3）女职工要享有生育保险待遇有严格的资格条件限制，即必须是有合法婚姻并按国家有关计划生育规定生育或符合上述条件流产的女职工才能享受到。

思考与讨论

1. 女性劳动与社会保障权的内容主要有哪些？

2. 如何理解并实现男女同工同酬？

3. 我国法律规范对经期、孕期、产期及哺乳期中的女职工提供了哪些具体的保护措施？

4. 我国生育保险的内容有哪些？

5. 案例分析

案例1：上海某公司需招聘销售六名，经人力资源部审查，有12人符合公司招聘条件。经多轮笔试、面试和身体检查，张女士获得第一名，徐女士获得第六名。但最终公司录取了张女士和另外五名男士，而没有录取徐女士。徐女士后向公司人事部咨询，公司人事部回复称，在公司的招聘广告中已注明“男性优先”。张女士在被录用后不久，发现其劳动合同中约定的基本工资与其一同入职的另5名同岗位的男性员工相比每月要少300元。公司人事部的解释是：公司男员工的工资水平高于女员工是公司内部的规定。更令张女士疑惑的是，在入职时，公司要求其签署一份内容为“三年内不得怀孕”的承诺书。为此，张女士和徐女士认为，公司的做法侵犯了女性平等就业的权利，遂向劳动监察部门投诉。

请分析：张女士和徐女士投诉的法律依据。

分析参考：

首先，用人单位在发布招聘信息，不得以性别为由提高女职工录用标准，或拒绝招用女职工。实践中，一些用人单位在发布招聘信息中，注明“仅限男生”或“男性5名，女性1名”等，这违反了《劳动合同法》《妇女权益保护法》等法律明令性规定。如果女职工遇到此类情况，可向用人单位所在地的劳动监察部门进行举报和投诉。

其次，在用人单位录用女职工正式用工后，应遵循男女平等和同工同酬原则，不能以性别为由限制女员工的晋升、考核等权利，特别是对于处于三期、患病或者其他丧失工作能力的情况。

最后，《妇女权益保障法》规定：“各单位在录用女职工时，应当依法与其签订劳动（聘用）合同或者服务协议，劳动（聘用）合同或者服务协议中不得规定限制女职工结婚、生育的内容。”因此，用人单位让张女士签署的“三年内不得怀孕”的条款是无效的。

案例2：孙某于2009年1月1日进入某公司从事办公室文秘工作，双方签订了为期3年的劳动合同。该合同规定，孙某的工作岗位为办公室文秘，同时负责接待等工作，1个月的试用期满后月工资为1200元。2009年10月，公司以孙某已经怀孕近4个月，不方便再干办公室接待工作为由，向她下发岗位转换通知书，将她从办公室文秘岗位调换为车间质量员，月工资降至800元。孙某在多次找公司协商未果的情况下，到当地劳动争议仲裁委员会提出申请，要求继续履行所签订的劳动合同。

请分析：该公司对孙某的变更决定是否有法律效力？

分析参考：

根据《劳动法》第 17 条规定，订立和变更劳动合同，应当遵循平等自愿、协商一致的原则，不得违反法律、行政法规的规定。劳动合同依法订立即具有法律约束力，当事人必须履行劳动合同规定的义务。《劳动合同法》42 条规定，女职工在孕期、产期、哺乳期的，不得根据《劳动合同法》第 40 条和第 41 条中规定的解除合同和裁员。《女职工劳动保护条例》第 4 条规定，不得在女职工怀孕期、产期、哺乳期降低其基本工资，或者解除劳动合同。《妇女权益保障法》第 27 条规定，任何单位不得因结婚、怀孕、产假、哺乳等情形，降低女职工的工资，辞退女职工，单方解除劳动（聘用）合同或者服务协议。

本案中，孙某怀孕后，公司在未与其协商一致的情况下，单方变更工作岗位、降低工资，变相解除劳动合同的行为违反了劳动法律、法规的规定，其决定没有法律效力。

附录 《中华人民共和国妇女权益保障法》

（1992年4月3日第七届全国人民代表大会第五次会议通过 根据2005年8月28日第十届全国人民代表大会常务委员会第十七次会议《关于修改〈中华人民共和国妇女权益保障法〉的决定》修正）

目 录

第一章 总 则

第一条 为了保障妇女的合法权益，促进男女平等，充分发挥妇女在社会主义现代化建设中的作用，根据宪法和我国的实际情况，制定本法。

第二条 妇女在政治的、经济的、文化的、社会的和家庭的生活等各方面享有同男子平等的权利。

实行男女平等是国家的基本国策。国家采取必要措施，逐步完善保障妇女权益的各项制度，消除对妇女一切形式的歧视。

国家保护妇女依法享有的特殊权益。

禁止歧视、虐待、遗弃、残害妇女。

第三条 国务院制定中国妇女发展纲要，并将其纳入国民经济和社会发展规划。

县级以上地方各级人民政府根据中国妇女发展纲要，制定本行政区域的妇女发展规划，并将其纳入国民经济和社会发展计划。

第四条 保障妇女的合法权益是全社会的共同责任。国家机关、社会团体、企业事业单位、城乡基层群众性自治组织，应当依照本法和有关法律的规定，保障妇女的权益。

国家采取有效措施，为妇女依法行使权利提供必要的条件。

第五条 国家鼓励妇女自尊、自信、自立、自强，运用法律维护自身合法权益。

妇女应当遵守国家法律，尊重社会公德，履行法律所规定的义务。

第六条 各级人民政府应当重视和加强妇女权益的保障工作。

县级以上人民政府负责妇女儿童工作的机构，负责组织、协调、指导、督促有关部门做好妇女权益的保障工作。

县级以上人民政府有关部门在各自的职责范围内做好妇女权益的保障工作。

第七条 中华全国妇女联合会和地方各级妇女联合会依照法律和中华全国妇女联合会章程，代表和维护各族各界妇女的利益，做好维护妇女权益的工作。

工会、共产主义青年团，应当在各自的工作范围内，做好维护妇女权益的工作。

第八条 对保障妇女合法权益成绩显著的组织和个人，各级人民政府和有关部门给予表彰和奖励。

第二章 政治权利

第九条 国家保障妇女享有与男子平等的政治权利。

第十条 妇女有权通过各种途径和形式，管理国家事务，管理经济和文化事业，管理社会事务。

制定法律、法规、规章和公共政策，对涉及妇女权益的重大问题，应当听取妇女联合会的意见。

妇女和妇女组织有权向各级国家机关提出妇女权益保障方面的意见和建议。

第十一条 妇女享有与男子平等的选举权和被选举权。

全国人民代表大会和地方各级人民代表大会的代表中，应当有适当数量的妇女代表。国家采取措施，逐步提高全国人民代表大会和地方各级人民代表大会的妇女代表的比例。

居民委员会、村民委员会成员中，妇女应当有适当的名额。

第十二条 国家积极培养和选拔女干部。

国家机关、社会团体、企业事业单位培养、选拔和任用干部，必须坚持男女平等的原则，并有适当数量的妇女担任领导成员。

国家重视培养和选拔少数民族女干部。

第十三条 中华全国妇女联合会和地方各级妇女联合会代表妇女积极参与国家和社会事务的民主决策、民主管理和民主监督。

各级妇女联合会及其团体会员，可以向国家机关、社会团体、企业事业单位推荐女干部。

第十四条 对于有关保障妇女权益的批评或者合理建议，有关部门应当听取和采纳；对于有关侵害妇女权益的申诉、控告和检举，有关部门必须查清事实，负责处理，任何组织或者个人不得压制或者打击报复。

第三章　文化教育权益

第十五条　国家保障妇女享有与男子平等的文化教育权利。

第十六条　学校和有关部门应当执行国家有关规定，保障妇女在入学、升学、毕业分配、授予学位、派出留学等方面享有与男子平等的权利。

学校在录取学生时，除特殊专业外，不得以性别为由拒绝录取女性或者提高对女性的录取标准。

第十七条　学校应当根据女性青少年的特点，在教育、管理、设施等方面采取措施，保障女性青少年身心健康发展。

第十八条　父母或者其他监护人必须履行保障适龄女性儿童少年接受义务教育的义务。

除因疾病或者其他特殊情况经当地人民政府批准的以外，对不送适龄女性儿童少年入学的父母或者其他监护人，由当地人民政府予以批评教育，并采取有效措施，责令送适龄女性儿童少年入学。

政府、社会、学校应当采取有效措施，解决适龄女性儿童少年就学存在的实际困难，并创造条件，保证贫困、残疾和流动人口中的适龄女性儿童少年完成义务教育。

第十九条　各级人民政府应当依照规定把扫除妇女中的文盲、半文盲工作，纳入扫盲和扫盲后继续教育规划，采取符合妇女特点的组织形式和工作方法，组织、监督有关部门具体实施。

第二十条　各级人民政府和有关部门应当采取措施，根据城镇和农村妇女的需要，组织妇女接受职业教育和实用技术培训。

第二十一条　国家机关、社会团体和企业事业单位应当执行国家有关规定，保障妇女从事科学、技术、文学、艺术和其他文化活动，享有与男子平等的权利。

第四章　劳动和社会保障权益

第二十二条　国家保障妇女享有与男子平等的劳动权利和社会保障权利。

第二十三条　各单位在录用职工时，除不适合妇女的工种或者岗位外，不得以性别为由拒绝录用妇女或者提高对妇女的录用标准。

各单位在录用女职工时，应当依法与其签订劳动（聘用）合同或者服务协议，劳动（聘用）合同或者服务协议中不得规定限制女职工结婚、生育的内容。

禁止录用未满十六周岁的女性未成年人，国家另有规定的除外。

第二十四条　实行男女同工同酬。妇女在享受福利待遇方面享有与男子平等的权利。

第二十五条　在晋职、晋级、评定专业技术职务等方面，应当坚持男女平等的原则，不得歧视妇女。

第二十六条　任何单位均应根据妇女的特点，依法保护妇女在工作和劳动时的安全和健康，不得安排不适合妇女从事的工作和劳动。

妇女在经期、孕期、产期、哺乳期受特殊保护。

第二十七条　任何单位不得因结婚、怀孕、产假、哺乳等情形，降低女职工的工资，辞退女职工，单方解除劳动（聘用）合同或者服务协议。但是，女职工要求终止劳动（聘用）合同或者服务协议的除外。

各单位在执行国家退休制度时，不得以性别为由歧视妇女。

第二十八条　国家发展社会保险、社会救助、社会福利和医疗卫生事业，保障妇女享有社会保险、社会救助、社会福利和卫生保健等权益。

国家提倡和鼓励为帮助妇女开展的社会公益活动。

第二十九条　国家推行生育保险制度，建立健全与生育相关的其他保障制度。

地方各级人民政府和有关部门应当按照有关规定为贫困妇女提供必要的生育救助。

第五章　财产权益

第三十条　国家保障妇女享有与男子平等的财产权利。

第三十一条　在婚姻、家庭共有财产关系中，不得侵害妇女依法享有的权益。

第三十二条　妇女在农村土地承包经营、集体经济组织收益分配、土地征收或者征用补偿费使用以及宅基地使用等方面，享有与男子平等的权利。

第三十三条　任何组织和个人不得以妇女未婚、结婚、离婚、丧偶等为由，侵害妇女在农村集体经济组织中的各项权益。

因结婚男方到女方住所落户的，男方和子女享有与所在地农村集体经济组织成员平等的权益。

第三十四条　妇女享有的与男子平等的财产继承权受法律保护。在同一顺序法定继承人中，不得歧视妇女。

丧偶妇女有权处分继承的财产，任何人不得干涉。

第三十五条　丧偶妇女对公、婆尽了主要赡养义务的，作为公、婆的第一顺序法定继承人，其继承权不受子女代位继承的影响。

第六章　人身权利

第三十六条　国家保障妇女享有与男子平等的人身权利。

第三十七条　妇女的人身自由不受侵犯。禁止非法拘禁和以其他非法手段剥夺或者限制妇女的人身自由；禁止非法搜查妇女的身体。

第三十八条　妇女的生命健康权不受侵犯。禁止溺、弃、残害女婴；禁止歧视、虐待生育女婴的妇女和不育的妇女；禁止用迷信、暴力等手段残害妇女；禁止虐待、遗弃病、残妇女和老年妇女。

第三十九条　禁止拐卖、绑架妇女；禁止收买被拐卖、绑架的妇女；禁止阻碍解救被拐卖、绑架的妇女。

各级人民政府和公安、民政、劳动和社会保障、卫生等部门按照其职责及时采取措施解救被拐卖、绑架的妇女，做好善后工作，妇女联合会协助和配合做好有关工作。任何人不得歧视被拐卖、绑架的妇女。

第四十条　禁止对妇女实施性骚扰。受害妇女有权向单位和有关机关投诉。

第四十一条　禁止卖淫、嫖娼。

禁止组织、强迫、引诱、容留、介绍妇女卖淫或者对妇女进行猥亵活动。

禁止组织、强迫、引诱妇女进行淫秽表演活动。

第四十二条　妇女的名誉权、荣誉权、隐私权、肖像权等人格权受法律保护。

禁止用侮辱、诽谤等方式损害妇女的人格尊严。禁止通过大众传播媒介或者其他方式贬低损害妇女人格。未经本人同意，不得以营利为目的，通过广告、商标、展览橱窗、报纸、期刊、图书、音像制品、电子出版物、网络等形式使用妇女肖像。

第七章　婚姻家庭权益

第四十三条　国家保障妇女享有与男子平等的婚姻家庭权利。

第四十四条　国家保护妇女的婚姻自主权。禁止干涉妇女的结婚、离婚自由。

第四十五条　女方在怀孕期间、分娩后一年内或者终止妊娠后六个月内，男方不得提出离婚。女方提出离婚的，或者人民法院认为确有必要受理男方离婚请求的，不在此限。

第四十六条　禁止对妇女实施家庭暴力。

国家采取措施，预防和制止家庭暴力。

公安、民政、司法行政等部门以及城乡基层群众性自治组织、社会团体，应当在各自的职责范围内预防和制止家庭暴力，依法为受害妇女提供救助。

第四十七条　妇女对依照法律规定的夫妻共同财产享有与其配偶平等的占有、使用、收益和处分的权利，不受双方收入状况的影响。

夫妻书面约定婚姻关系存续期间所得的财产归各自所有，女方因抚育子女、照料老人、协助男方工作等承担较多义务的，有权在离婚时要求男方予以补偿。

第四十八条　夫妻共有的房屋，离婚时，分割住房由双方协议解决；协议不成的，由人民法院根据双方的具体情况，按照照顾子女和女方权益的原则判决。夫妻双方另有约定的除外。

夫妻共同租用的房屋，离婚时，女方的住房应当按照照顾子女和女方权益的原则解决。

第四十九条　父母双方对未成年子女享有平等的监护权。

父亲死亡、丧失行为能力或者有其他情形不能担任未成年子女的监护人的，母亲的监护权任何人不得干涉。

第五十条　离婚时，女方因实施绝育手术或者其他原因丧失生育能力的，处理子女抚养问题，应在有利子女权益的条件下，照顾女方的合理要求。

第五十一条　妇女有按照国家有关规定生育子女的权利，也有不生育的自由。

育龄夫妻双方按照国家有关规定计划生育，有关部门应当提供安全、有效的避孕药具和技术，保障实施节育手术的妇女的健康和安全。

国家实行婚前保健、孕产期保健制度，发展母婴保健事业。各级人民政府应当采取措施，保障妇女享有计划生育技术服务，提高妇女的生殖健康水平。

第八章 法律责任

第五十二条 妇女的合法权益受到侵害的，有权要求有关部门依法处理，或者依法向仲裁机构申请仲裁，或者向人民法院起诉。

对有经济困难需要法律援助或者司法救助的妇女，当地法律援助机构或者人民法院应当给予帮助，依法为其提供法律援助或者司法救助。

第五十三条 妇女的合法权益受到侵害的，可以向妇女组织投诉，妇女组织应当维护被侵害妇女的合法权益，有权要求并协助有关部门或者单位查处。有关部门或者单位应当依法查处，并予以答复。

第五十四条 妇女组织对于受害妇女进行诉讼需要帮助的，应当给予支持。

妇女联合会或者相关妇女组织对侵害特定妇女群体利益的行为，可以通过大众传播媒介揭露、批评，并有权要求有关部门依法查处。

第五十五条 违反本法规定，以妇女未婚、结婚、离婚、丧偶等为由，侵害妇女在农村集体经济组织中的各项权益的，或者因结婚男方到女方住所落户，侵害男方和子女享有与所在地农村集体经济组织成员平等权益的，由乡镇人民政府依法调解；受害人也可以依法向农村土地承包仲裁机构申请仲裁，或者向人民法院起诉，人民法院应当依法受理。

第五十六条 违反本法规定，侵害妇女的合法权益，其他法律、法规规定行政处罚的，从其规定；造成财产损失或者其他损害的，依法承担民事责任；构成犯罪的，依法追究刑事责任。

第五十七条 违反本法规定，对侵害妇女权益的申诉、控告、检举，推诿、拖延、压制不予查处，或者对提出申诉、控告、检举的人进行打击报复的，由其所在单位、主管部门或者上级机关责令改正，并依法对直接负责的主管人员和其他直接责任人员给予行政处分。

国家机关及其工作人员未依法履行职责，对侵害妇女权益的行为未及时制止或者未给予受害妇女必要帮助，造成严重后果的，由其所在单位或者上级机关依法对直接负责的主管人员和其他直接责任人员给予行政处分。

违反本法规定，侵害妇女文化教育权益、劳动和社会保障权益、人身和财产权益以及婚姻家庭权益的，由其所在单位、主管部门或者上级机关责令改正，直接负责的主管人员和其他直接责任人员属于国家工作人员的，由其所在单位或者上级机关依法给予行政处分。

第五十八条 违反本法规定，对妇女实施性骚扰或者家庭暴力，构成违反治安管理行为的，受害人可以提请公安机关对违法行为人依法给予行政处罚，也可以依法向人民法院提起民事诉讼。

第五十九条 违反本法规定，通过大众传播媒介或者其他方式贬低损害妇女人格的，由文化、广播电影电视、新闻出版或者其他有关部门依据各自的职权责令改正，并依法给予行政处罚。

第九章 附 则

第六十条 省、自治区、直辖市人民代表大会常务委员会可以根据本法制定实施办法。

民族自治地方的人民代表大会，可以依据本法规定的原则，结合当地民族妇女的具体情况，制定变通的或者补充的规定。自治区的规定，报全国人民代表大会常务委员会批准后生效；自治州、自治县的规定，报省、自治区、直辖市人民代表大会常务委员会批准后生效，并报全国人民代表大会常务委员会备案。

第六十一条 本法自 1992 年 10 月 1 日起施行。

参考文献

[1] 格奥尔格，耶利内克. 人权与公民权利宣言——现代宪政史上的一大贡献. 钟云龙，译. 北京：中国政法大学出版社，2012.

[2] 张文显. 权利与人权. 北京：法律出版社，2011.

[3] 薛宁兰. 社会性别与妇女权利，北京：社会科学文献出版社，2008.

[4] 陈淑华. 理性女性 女性与法律. 北京：中国劳动社会保障出版社，2008.

[5] 李明舜，林建军. 妇女法研究. 北京：中国社会科学出版社，2008.

[6] 顾秀莲. 妇女权益保障法学习读本. 武汉：中国法制出版社，2005.

[7] 康均心. 妇女权益保护及救济理论与实务. 武汉：武汉大学出版社，2004.

[8] 孙启泉，张雅维. 妇女法教程. 北京：北京大学出版社，2010.

[9] 肖巧平. 社会性别视野下的法律——女性与法律. 中国传媒大学出版社，2006.

[10] 陈明侠，夏吟兰，李明舜，等. 家庭暴力防治法基础性构建研究. 北京：中国社会出版社，2005.

[11] 梁慧星. 民法总论. 北京：法律出版社，2001.

[12] 江平. 物权法教程. 2 版. 北京：中国政法大学出版，2011.

[13] 法律法规中心. 中华人民共和国民法通则注释全书. 北京：法律出版社，2012.

[14] 王国平. 婚姻家庭法案例教程. 北京：法律出版社，2009.